CAROL MANCIOLA

#BORA BATER META

São Paulo, 2019
www.dvseditora.com.br

#BORA BATER META

Copyright© DVS Editora Ltda 2019
Todos os direitos para a língua portuguesa reservados pela editora.

Nenhuma parte dessa publicação poderá ser reproduzida, guardada pelo sistema "retrieval" ou transmitida de qualquer modo ou por qualquer outro meio, seja este eletrônico, mecânico, de fotocópia, de gravação, ou outros, sem prévia autorização, por escrito, da editora.

Capa e projeto gráfico: Rafael Brum
Revisão gramatical: Fábio Fujita
Foto autora: Juliana Faria
Diagramação: Spazio Publicidade e Propaganda

Dados Internacionais de Catalogação na Publicação (CIP)
(Câmara Brasileira do Livro, SP, Brasil)

Manciola, Carol
　　Bora bater meta : o desafio da venda presencial no mundo digital / Carol Manciola. -- São Paulo : DVS Editora, 2019.

　　Bibliografia.
　　ISBN 978-85-8289-222-0

　　1. Marketing digital 2. Meta 3. Planejamento estratégico 4. Serviços ao cliente - Administração 5. Sucesso em negócios 6. Vendas e vendedores I. Título.

19-29321　　　　　　　　　　　　　　　CDD-658.85

Índices para catálogo sistemático:

1. Sucesso em vendas : Administração de marketing
　　658.85

Iolanda Rodrigues Biode - Bibliotecária - CRB-8/10014

CAROL MANCIOLA

#BORA BATER META

O DESAFIO DA **VENDA PRESENCIAL** NO MUNDO DIGITAL

Como criar valor para o cliente por meio de um processo de vendas humanizado

DVS EDITORA

*Para Marcus, meu amor, cúmplice no
atingimento das maiores metas da minha vida.*

*Para Leonardo e Ursula, meus filhos, combustível
para todas as metas que ainda vou bater.*

META
É COISA
DA VIDA

A QUEM ESTE LIVRO SE DESTINA?

- Pessoas que querem acrescentar às suas vidas a competência de vendas;
- Pessoas que atuam na área de vendas presenciais, sejam elas B2B (business-to-business, venda entre empresas) ou B2C (business-to-consumer, venda de empresa para consumidor), afinal, a perspectiva aqui é P2P (person-to-person, quando há no mínimo duas pessoas envolvidas, seja em venda B2B ou B2C);
- Gestores de vendas que acreditam que seu desenvolvimento pessoal está diretamente ligado ao desenvolvimento de suas equipes e ao alcance de suas metas;
- Profissionais que atuam treinando e desenvolvendo equipes de vendas e almejam se beneficiar de uma revisão ampla da literatura de vendas e ser provocados a fazer diferente;
- Pessoas que acreditam naquilo que vendem, pois essa é uma premissa básica para o verdadeiro sucesso em vendas;
- Pessoas que acreditam que vender é algo muito além da técnica; que acreditam que vender é algo inerente ao ser humano, e que quanto mais humanizado for o processo de vendas, mais ele irá beneficiar a todos os envolvidos;
- Pessoas que acreditam que vendas não devem ser feitas a qualquer custo, que precisam fazer sentido;
- Pessoas que querem exercer seu verdadeiro poder, que desejam influenciar positivamente outras pessoas e que reconhecem o impacto que uma venda pode ter na vida de quem compra;
- Pessoas que querem estabelecer relações nas quais todos os envolvidos são beneficiados (vendedor, empresa e comprador);
- Pessoas que estão dispostas tanto a identificar problemas e contribuir para sua solução, quanto a assumir seus sonhos e batalhar para realizá-los;
- Pessoas que compreendem que as perguntas são mais importantes do que as respostas;
- Pessoas que estão determinadas a revisar paradigmas e conceitos e enxergar cenários já tão conhecidos por novas perspectivas.

Este é um livro para todos aqueles que acreditam que podem ser melhores do que são e que estão dispostos a se desafiar todos os dias a isso.

PREFÁCIO

Dois *insights* sobre por que você deveria comprar, ler e aplicar o que tem neste livro para melhorar seus resultados em vendas.

Quando a Carolina Manciola me pediu para escrever este prefácio, aceitei na hora, mesmo sem saber onde conseguiria encaixar isso em minha já complicada agenda.

Acompanho Carol há anos, sou fiel seguidor dos seus posts no LinkedIn, tento ver tudo o que ela faz porque é sempre interessante. Mãe, esposa, consultora, treinadora, empresária, grande apaixonada por vendas, profunda conhecedora do processo comercial, da realidade do dia a dia dos vendedores na ponta, e ao mesmo tempo alguém que conversa de igual para igual com qualquer CEO.

Quem não ia querer ter a honra de escrever este prefácio? Aceitei na hora!

Como moro fora do Brasil, viajo muito a trabalho, então me programei para ler o livro da Carol durante a viagem de volta para Miami e, depois, aproveitar o intervalo de duas a três horas da conexão para Charlotte, para escrever o prefácio.

Embarcamos, abri meu *laptop*, tirei meu caderno de anotações e comecei a ler e tomar notas. Quando cheguei ao capítulo 4, eu já tinha fácil umas cinco ou seis páginas de anotações. Gráficos, ferramentas, frases, conceitos, referências, histórias... uma sequência (melhor seria "uma saraivada"!) de conhecimentos que me impressionaram.

Mais do que isso: eles me energizaram. Tenho que admitir que estava cansado quando abri o *laptop*. As pessoas ao meu lado já se preparando para dormir, assistindo a filmes, e eu ali, cumprindo minha promessa.

Quando terminei o livro estava alerta, energizado, cheio de ideias e de coisas rodando na minha cabeça.

Fiz todos os testes, respondi a todas as perguntas, preenchi o Canvas, os roteiros – testei todas as ferramentas. Quanta coisa útil!

Então, pensei: o que falar sobre o livro? Como convencer alguém que está lendo este prefácio que vale MUITO a pena comprar, ler e pôr em prática o que esta obra ensina?

Já li uma infinidade de livros sobre vendas. De verdade. Só de prefácios, escrevi mais de dez. Edito a *VendaMais* desde 1994 e recebo qualquer livro de vendas que seja lançado no Brasil. Tenho uma biblioteca particular com mais de 500 títulos e outra na *VM* com mais de 3 mil.

Por que gostei assim deste livro? O que ele tem de tão atraente?

Demorei um pouco para entender. Eu não queria escrever qualquer coisa neste prefácio. Ainda mais depois de ter tido a experiência da leitura, dos exercícios, da reflexão sobre meu trabalho com os clientes e a minha equipe de vendas... queria que fosse algo especial.

Então, esperei chegar em casa e fui fazer o que sempre faço nessas horas: meditar. (Sempre achei isso uma frescura até começar a fazê-lo. Mudou completamente minha forma de encarar muitas coisas e recomendo altamente para todo mundo nestes dias em que vivemos. A claridade e a serenidade decorrentes da meditação são impressionantes – e quem não precisa disso hoje em dia, ainda mais na área comercial?)

Aí tive o *insight*. Na verdade, dois.

O que eu acho que a Carol conseguiu com este livro:

1) Seja a calma no meio do caos:

Quem me falou isso foi um sargento do Corpo de Bombeiros, numa aula de primeiros-socorros quando eu fazia um curso de salva-vidas.

"A pessoa que se desespera ao começar a se afogar só consegue uma coisa: engolir mais água e se afogar mais rápido. Lembre-se sempre da regra número 1: mantenha a calma. Mas não é só 'manter' a calma. É SER calmo. Seja a calma no meio do caos."

Sargento filósofo esse... fiquei imaginando por onde andaria hoje.

Nem lembro seu nome... mas a lição ficou para o resto da vida. Não sei se todo mundo que fez o curso comigo entendeu o que ele queria dizer. Até hoje tenho que me relembrar disso constantemente.

Bora bater meta me transmitiu essa sensação: de ajudar a ter calma e controle em diversas situações na área comercial. As perguntas que ela faz, os exercícios, as ferramentas – tudo isso ajuda a encontrar de maneira proativa um caminho (e isso é fundamental para ter alta performance em vendas).

2) O que está mudando x o que não muda:

Perguntaram certa vez a Jeff Bezos, fundador da Amazon: "O que vai mudar nos próximos dez anos?". Veja como ele respondeu.

"Essa é uma pergunta muito interessante. O que quase NUNCA me perguntam é 'O que NÃO VAI mudar nos próximos dez anos?'. Vou defender que a segunda pergunta é mais importante do que a primeira. Você consegue montar

PREFÁCIO

uma estratégia de negócios baseada em coisas que são estáveis no tempo. No nosso braço de varejo, por exemplo, sabemos que os clientes querem preços baixos e que isso vai ser verdadeiro nos próximos dez anos. Clientes querem entrega rápida, querem ter opções de escolha. Não consigo imaginar um futuro nos próximos dez anos em que um cliente chegue e me diga: 'Jeff, adoro a Amazon, mas eu queria que vocês cobrassem um pouco mais'. Ou que dissessem: 'Vocês poderiam ser mais lentos em suas entregas?'. Impossível. Não vejo isso acontecendo. Então sabemos que a energia que depositamos na melhoria desses pontos hoje ainda estará pagando dividendos para nossos clientes em dez anos. Quando você sabe que algo é verdadeiro, mesmo a longo prazo, você pode pôr muita energia e foco nisso."

O livro da Carol me deu exatamente essa impressão: de entender que, justamente porque tudo está mudando, precisamos prestar ainda mais atenção no que NÃO ESTÁ MUDANDO.

A experiência dela, as histórias que conta, as situações que vivenciou, somadas à didática que claramente desenvolveu com maestria nesses anos dedicados a ajudar vendedores e empresas a venderem mais e melhor, transmitem essa segurança de falar do que é real, do que é verdadeiro, do que é mais profundo.

Você vai ler este livro e tirar 1001 ideias. Aí vai guardá-lo e, daqui a alguns meses, vai querer voltar a ele e relê-lo. Muitas coisas poderão ter mudado – tecnologia, clientes, concorrentes, sua empresa, produtos e serviços que vende. Também vai encontrar aqui conhecimentos, ferramentas e conceitos que vão ajudá-lo(a) novamente.

Porque ela fala do que é real, verdadeiro, do que é mais profundo em vendas. Num dos trechos, Carol cita que o ser humano agora tem braços, pernas, cabeça, tronco e *smartphone* (o *smartphone* como superferramenta que potencializa e acelera muitas tarefas). O vendedor e a vendedora de alta performance agora podem somar mais uma superferramenta ao *smartphone*.

Bora Bater Meta: um livro para ler, reler, refletir, adaptar, pôr em prática seus ensinamentos e VENDER MAIS.

Como disse Jeff Bezos: "Quando você sabe que algo é verdadeiro, mesmo a longo prazo, você pode pôr muita energia e foco nisso".

Bora bater meta, então? Energia e foco nisso.

Abraço, boa leitura e boa$ venda$,

Raul Candeloro
Diretor - www.vendamais.com.br

ÍNDICE

A quem este livro se destina? 9

Prefácio 11

1. Vender é uma competência 19
- Suas crenças sobre vendas... 21

2. As tais mudanças no mundo e seus impactos na forma de vender 25
- Cliente em mutação.. 27
- Vendedor em evolução... 33
- Para Bater Meta... 39

3. Competências de vendas 43
- Definindo competências... 45
- E o que a área de vendas tem a ver com isso? 47
- "Eu tenho a força!" 54
- Para Bater Meta... 55

4. Prepare-se para vender 59
- Ampliar o olhar 64
- Investir em *branding* e cultura 65
- Para Bater Meta... 68

5. Desmistificando a técnica de vendas 71
- Para que serve uma técnica de vendas? 74
- Bora bater meta... 75
- Sua realidade de vendas... 77
- Conclusões... 80
- Para Bater Meta... 81

6. Como fazer a venda presencial num mundo cada vez mais digital ...85
- Prepar.ação 87
- Aproxim.ação 99
- Investig.ação 108
- Apresent.ação 119
- Negoci.ação 129
- Finaliz.ação 144
- Fideliz.ação 155
- Humaniz.ação 165
- Para Bater Meta 167

7. Desafios da primeira gestão comercial 171
- O começo 171
- O meio 174
- A busca incansável por um final feliz 179
- Para Bater Meta 182

8. O papel da gestão comercial 185
- Planejamento 187
- Execução 191
- Monitoramento 195
- Ação 197
- Liderança comercial: um breve diagnóstico 200
- Para Bater Meta 202

9. Calibrando seu olhar 205
- Dez regras de ouro 205
- Consciência, coerência, consistência e coragem 208
- Você no comando 211

10. O futuro das vendas e o vendedor do futuro 217

Referências 219

Inspirações 222

UM

VENDER É UMA COMPETÊNCIA

VENDER É UMA COMPETÊNCIA

Eu sempre vendi.
Quando criança, vendia por diversão.
Na adolescência, por necessidade.

Nos meus primeiros empregos formais, vendia por obrigação, pois quando de fato (e de direito) me tornei vendedora, eu negava a profissão. Eu pensava: "é só um trabalho passageiro, foi o que apareceu". Esse não era um pensamento só meu. Ainda hoje é comum ouvirmos comentários negativos sobre vendas como:

Vendedor é quem não serviu para nada.
Vendas não são uma carreira, mas oportunidade.
Vendedor é malandro.

Esses comentários são, na verdade, paradigmas que persistem até hoje. E é fácil notar isso pelos títulos dos cargos de vendedores: consultor, executivo, representante, key account...

... todos eles são "disfarces" para a função de vendedor.

Em mim, tudo mudou quando comecei a notar que minha "veia vendedora", aliada aos aprendizados que tive na função, me foi extremamente útil.

Lembro-me como se fosse hoje do dia em que Marisa Monte mudou a minha vida.

Eu era consultora de uma empresa de treinamento e vivia muito desanimada por conta do volume de treinamentos, que estava extremamente baixo. Meu chefe dizia: "Você precisa usar seus conhecimentos para vender nossa empresa". Eu me negava, afinal, "eu não era vendedora" (e, no fundo, achava que atuar com vendas iria depor contra o status da minha profissão original).

Era um domingo à noite. Eu estava assistindo ao Fantástico, com aquela sensação ruim de semana nova pela frente, quando, durante uma entrevista, ela afirmou que: "Ninguém faz só o que quer. A gente faz muitas coisas que não quer, para fazer o que quer. Eu faço com prazer, com alegria e sem reclamar coisas que eu não quero, porque acho que isso é importante para fazer as coisas que eu quero."

Bingo! Eu não queria vender, mas naquele dia compreendi que, para fazer o que eu mais amava, que era estar em sala de aula, eu precisava vender minha capacidade de melhorar a performance das pessoas por meio dos meus treinamentos. Por isso, passei a vender com prazer, alegria e sem reclamar. Isso fez despertar em mim a paixão por vender, me tornou alguém viciada em aprender sobre vendas, me fez expandir os negócios da empresa a ponto de me tornar sócia e me permitir aplicar mais e mais treinamentos de VENDAS.

Desde então meu olhar sobre vendas mudou. Comecei a observar que muitos CEOs e profissionais de sucesso que eu admirava tinham em comum essa tal "veia de vendas". Quando eu lhes perguntava como eles haviam-na adquirido, para minha surpresa, ninguém se referia a isso como um DOM. Todos afirmavam ter aprendido a vender com os pais, com um parente, com um chefe, ou por ter atuado como vendedores em algum momento de suas vidas.

Não demorou a saltar aos meus olhos que grandes impérios como a Apple e o McDonald's foram construídos por... grandes vendedores! Aqui no Brasil, temos como referência Cacau Show, SBT, Magazine Luiza, Grupo Sorridents. Todos liderados por... grandes vendedores!

Após ler *Saber vender é da natureza humana*[1], de Daniel H. Pink, fiquei ainda mais convencida da tese que vinha formulando em minha cabeça:

VENDER É UMA COMPETÊNCIA

Mais do que isso: VENDER É UMA COMPETÊNCIA DIFERENCIADORA.

Sim. O profissional que sabe vender se diferencia dos demais. Gera mais influência, encurta processos, ganha mais aliados.

Como toda competência, vender é algo que pode ser observado, avaliado e também desenvolvido, inclusive por pessoas que atuam na área, que têm as vendas como função.

Pode parecer redundante, mas não é.

Todos os vendedores que conheci, que desenvolveram sua competência de vendas, foram além. A maioria muda apenas de empresa, permanece no mesmo lugar ou vive reclamando e esperando "essa chuva passar" pelo fato de apenas ocupar um cargo.

Esse *insight* me motivou ainda mais a escrever este livro. Meu propósito com ele é **contribuir para que pessoas desenvolvam sua competência de vendas.**

Para isso, ao longo de dez capítulos, compartilharei uma série de conhecimentos, habilidades e atitudes que ajudará o leitor a elevar seu patamar de resultados por meio de uma performance aderente ao contexto em que vivemos: a era digital.

Como alguém que atua na área e que já leu centenas livros de vendas, quero que esta leitura seja a mais objetiva e prazerosa possível, afinal, se ela não o ajudar a bater suas metas, sejam elas de vendas ou da vida, isso terá sido uma grande perda de tempo.

Bora nessa?

SUAS CRENÇAS SOBRE VENDAS

Já que você se dispôs a ler um livro, que tal, antes mesmo de conhecer minhas crenças sobre vendas, refletir sobre as suas?

Meu convite é que você preencha esta página e volte a ela sempre que perceber que começou a ressignificar suas crenças, e que esse novo olhar tornou suas crenças fortalecedoras em relação aos seus desafios.

Vender para mim é

_____
_____
_____
_____
_____
_____
_____
_____
_____

#BORABATERMETA

Minhas crenças sobre vendas

AFIRMAÇÃO	NÃO ACREDITO NEM UM POUCO NISSO ←——————————→ ACREDITO FORTEMENTE NISSO
As pessoas não gostam de vendedores	●—●—●—●—●—|—●—●—●—●—●
A tecnologia torna os vendedores dispensáveis	●—●—●—●—●—|—●—●—●—●—●
Eu vendo porque foi o que me apareceu	●—●—●—●—●—|—●—●—●—●—●
Metas são estipuladas por quem não tem que batê-las	●—●—●—●—●—|—●—●—●—●—●
O que me atrapalha de vender é o cliente	●—●—●—●—●—|—●—●—●—●—●
O cliente nem sempre está pronto para comprar o que eu vendo	●—●—●—●—●—|—●—●—●—●—●
Técnicas de vendas não funcionam	●—●—●—●—●—|—●—●—●—●—●
Eu não preciso de técnicas de vendas	●—●—●—●—●—|—●—●—●—●—●
O bom vendedor tem o dom da comunicação	●—●—●—●—●—|—●—●—●—●—●
Treinamento de vendas é perda de tempo	●—●—●—●—●—|—●—●—●—●—●
O bom vendedor convence o cliente	●—●—●—●—●—|—●—●—●—●—●
A principal função do gestor de vendas é ajudar o vendedor a vender	●—●—●—●—●—|—●—●—●—●—●
As pessoas não gostam de vendedores	●—●—●—●—●—|—●—●—●—●—●
Vendedor deve agregar valor ao processo de vendas	●—●—●—●—●—|—●—●—●—●—●

Meu principal desafio em vendas é

_____

_____

_____

_____

DOIS

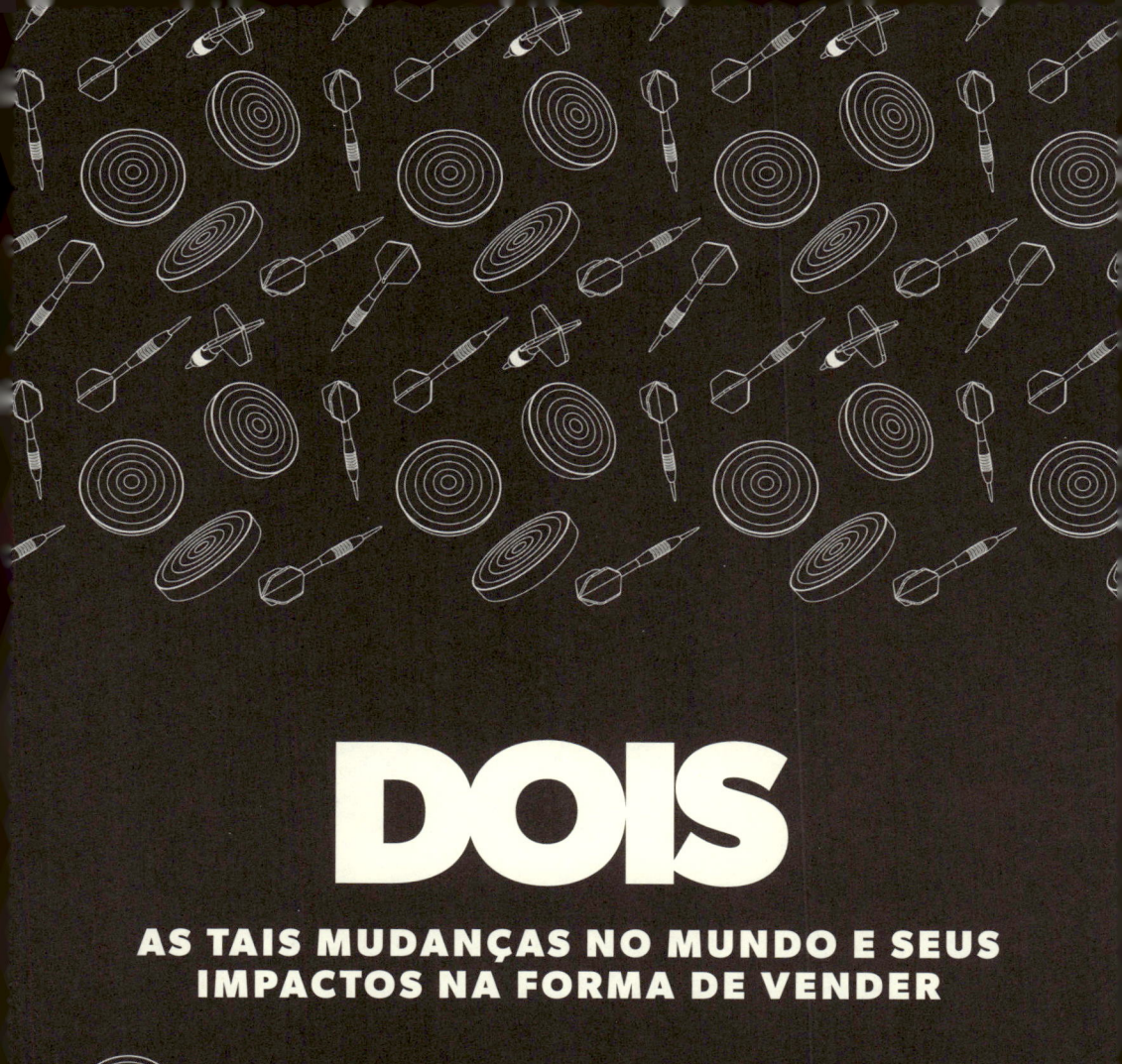

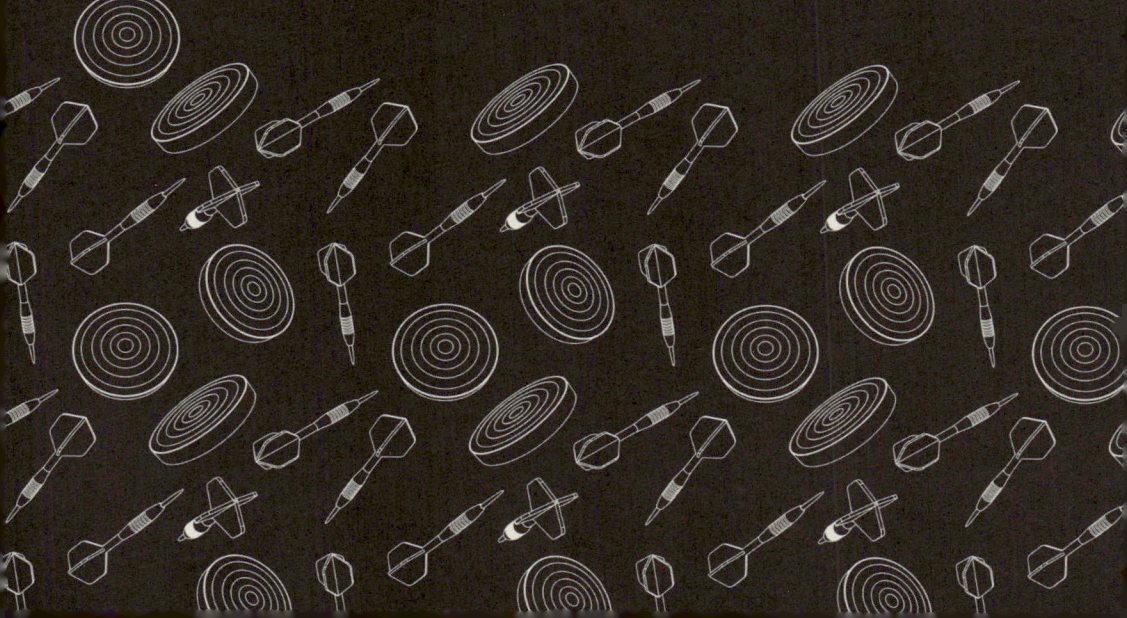

AS TAIS MUDANÇAS NO MUNDO E SEUS IMPACTOS NA FORMA DE VENDER

AS TAIS MUDANÇAS NO MUNDO E SEUS IMPACTOS NA FORMA DE VENDER

Sempre abri meus *workshops* e palestras sobre vendas com a seguinte frase: "O mundo está mudando numa velocidade exponencial".

Sinceramente, não sei qual o impacto que isso causa, mas, após ler o artigo "O fetiche da mudança"[2] e o livro *Audaz*[3], passei a usar a seguinte expressão:

O MUNDO ESTÁ MUDANDO DESDE QUE O MUNDO É MUNDO.

Afinal de contas, a mudança em si não é o desafio. Já nos acostumamos ao fato de que nada é mais como antes, e até cantamos "Nada do que foi será de novo do jeito que já foi um dia"[4], de forma bastante melancólica.

A questão não é o fato de o mundo estar mudando, a questão é o que essas mudanças estão provocando.

Pegue seu *smartphone* (você certamente possui um). Observe quantas coisas ele substituiu: câmera fotográfica, guia de ruas, bloco de anotações, agenda de papel (ah, como eu adorava ganhar várias delas no final do ano!), aparelho de som, CDs/DVDs, despertador, telegramas, álbuns de fotografia, cronômetro, agência de viagem, dicionário, lanterna, régua...

#BORABATERMETA

Costumo dizer que o corpo humano é dividido em cabeça, tronco, membros e... *smartphone*! Ele passou a ser algo imprescindível à nossa vida. É impensável sair de casa sem ele. Isso é tão real que, provavelmente, você já deve ter tido um quase infarto ao tatear seu corpo ou revirar sua bolsa e não encontrar seu aparelho, certo?

Nossa vida está ali dentro. O *smartphone* fez com que uma infinidade de coisas deixasse de existir e que outras aparecessem. É incrível como uma tecnologia até outro dia desconhecida está hoje tão presente em nossas vidas, a ponto de não conseguirmos nos imaginar sem fazer uso dela.

Esse é um simples exemplo de como "o futuro já começou"!

Eu me lembro bem de quando os telefones celulares chegaram ao Brasil. Não pude deixar de notar quando o pai de uma colega foi buscá-la na escola, exibindo um daqueles modelos gigantes na cintura. Eu lhe perguntei como funcionava, e, para minha surpresa, ele respondeu que ainda não estava funcionando.

Como eu era criança, demorei um pouco a entender que aquilo era uma questão de status. Hoje, possuir um *smartphone* é quase uma questão de sobrevivência (embora exibir os modelos mais modernos também seja símbolo de *status*).

Quem poderia imaginar, lá na década de 1990, toda a revolução que esse aparelho poderia provocar? Empresas faliram, deixaram de existir ou passam atualmente por maus bocados, por desacreditar no poder dessas mudanças. Os mercados da música, da fotografia, das TVs abertas e das editoras... todos eles foram impactados de alguma forma pelos desdobramentos das funcionalidades e dos aplicativos dos *smartphones*.

Hoje, vemos indústrias e segmentos de negócios apavorados com o lançamento dos carros autônomos. O impacto dessa tecnologia atingirá mercados de vendas de automóveis, transportes, autopeças, seguros, e por aí vai. O ponto é: **quais empresas estão considerando isso uma realidade, quais ignoram essa questão e quais estão literalmente "pagando para ver"?**

E mais: **quais profissionais estão preparados para esse novo contexto?**

As tecnologias atuais e futuras estão transformando (vou usar o gerúndio porque é mesmo apropriado) nossa relação com o mundo: a maneira como o enxergamos, o que esperamos dele, o que devolvemos para ele e as nossas relações interpessoais.

Isso significa que nossa maneira de comprar e consumir também está mudando. Por isso, achei que seria prudente começar um livro de vendas sob o ponto de vista do cliente, uma vez que somos todos clientes.

#SOMOSTODOSCLIENTES

CLIENTE EM MUTAÇÃO

Existe uma série de pesquisas que procuram entender o comportamento de compra, mas todas se tornam obsoletas muito rápido, por isso, neste livro, não irei citar nenhuma especificamente.

Essas pesquisas quase sempre se referem ao consumidor e são mais comuns nas relações B2C. No entanto, é preciso lembrar que, mesmo nas relações B2B, existe uma pessoa envolvida no processo e seu comportamento pessoal também deve ser considerado.

> Há uma história que ilustra muito bem essa questão.
>
> No início da década de 1980, a entrada de novos competidores no mercado de tecnologia da computação começou a incomodar a IBM, líder do setor. Esses novos entrantes tinham preços mais competitivos e tecnologias mais inovadoras, o que fez com que a gigante IBM começasse a perder espaço. O período também era difícil para as empresas, e muitos cortes estavam sendo feitos. Ou seja, os compradores queriam, por um lado, inovar e reduzir custo e, por outro, temiam perder seus empregos.
>
> Entendendo esse movimento, a IBM lançou a campanha "Ninguém nunca foi demitido por escolher IBM".
>
> Dessa forma, os tomadores de decisão passaram a refletir sobre o impacto das suas decisões na manutenção de seus empregos, levando esse ponto em consideração. Ou seja, recuavam na contratação de novos fornecedores e optavam por uma empresa reconhecida e "segura", diminuindo o risco do impacto de suas decisões: entre o certo e o duvidoso, para que arriscar?
>
> Esse é um exemplo que deixa claro que, mesmo nas relações B2B, existem pessoas cujos medos e aspirações também precisam ser considerados.

Analisei uma série de publicações de consultorias como McKinsey & Company, PwC Brasil, Nielsen, Accenture, e extraí delas um padrão de comportamento comum aos clientes, sejam eles do mercado B2B ou B2C. Observe se essas questões também se aplicam a você, pois, como já mencionei, somos todos clientes.

O cliente está mais exigente

Se durante muito tempo o vendedor era importante por dispor de informações que o cliente não conseguia acessar, hoje ele deve atuar mais como um curador. O curador é o responsável pela validação do conteúdo diante do mar de informação que hoje temos disponível, afinal, a partir de alguns cliques, é possível acessar desde manuais de montagem até pesquisas de reputação de marca e legislação sobre direito do consumidor.

Muitas empresas ainda resistem a esse mundo digital e continuam produzindo muito papel. Umas porque não sabem como fazer diferente, outras porque consideram essa prática algo ainda valorizado por seus clientes, outras ainda por estarem presas aos seus antigos processos e paradigmas.

Lembro a primeira vez que comprei um iPhone: fiquei assustada com o fato de não ter manual. Todos diziam que era "intuitivo". E, de fato, pude comprovar. Mas, mais do que isso: tudo aquilo que eu não conseguia descobrir por meio da intuição eu podia perguntar a Siri[5] ou fazer uma busca rápida na internet. Não faltam sites com dicas, e até tutoriais no Youtube, com informações sobre como maximizar as ferramentas disponíveis num *smartphone*.

Essa abundância de informação permite ao cliente pesquisar, pesquisar e pesquisar. Depois da internet, eu, inclusive, considero a maior parte das discussões desnecessária: na dúvida sobre quem está certo, basta consultar o Google.

Além do maior espectro de informações disponíveis, o aumento das opções de compra (produtos/serviços e canais) amplia o poder de barganha do cliente. A internet vem acabando com o conceito de informação exclusiva, estendendo o acesso das pessoas a produtos fabricados em qualquer lugar do mundo, e que chegam igualmente a qualquer lugar do mundo, a preços formatados em condições diversas.

Se durante muito tempo informação foi considerada poder, hoje informação é querer.

Isso empodera o cliente e o torna cada vez mais exigente, o que faz demandar[6]:

- **Publicidade mais inovadora:** o volume de informação recebida é absurdo. Conquistar um clique ou segundos de atenção exige muita criatividade. Os canais em que a publicidade é exibida também precisam estar alinhados às estratégias de Marketing 4.0[7], equilibrando a presença com a saturação. Costumo brincar que qualquer dia desses vou levantar a tampa do vaso sanitário e dali vai surgir uma propaganda da Privalia;

- **Preocupação com a história da marca:** com o objetivo de conquistar também o coração dos consumidores, muitas empresas têm se esforçado em contar histórias que as diferenciam dos concorrentes por meio do chamado *storytelling*. Hoje, os clientes querem saber se o cacau do chocolate beneficia pequenos agricultores, se os testes dos produtos de beleza foram ou não feitos em animais, se a receita do bolo era tradição de uma família humilde. Algumas empresas exageram na dose[8]. É importante lembrar que não basta ter história, ela precisa ser verdadeira.

- **Alinhamento de valores:** as pessoas não apenas consomem, elas são representadas por marcas. Conquistar o coração do consumidor é falar sua língua e conectar-se àquilo que tem significado para ele. Um dos maiores exemplos disso é a Harley-Davidson e sua legião de fãs, que chegam a tatuar na pele a marca da empresa.

- **Atendimento humanizado e feito por vários canais:** o que puder ser otimizado de forma digital precisa de uma estratégia eficiente. Sempre que viajo de avião, surpreendo-me com a não necessidade de contato humano: compro a passagem pela internet, faço o *check-in* pelo celular, imprimo a etiqueta de bagagem no totem e sigo adiante. Mas, quando o aplicativo trava, a impressora dá defeito ou o site me encaminha para o atendimento pessoal, quero ser atendida por uma pessoa que se comporte como uma pessoa, não como um robô.

- **Empresas mais próximas e que tratem o consumidor como parte do negócio:** por mais que o capitalismo viva seus dias dourados, as pessoas não querem ser vistas como números. A estratégia de pôr o cliente no centro tem que ser legítima, senão vira apenas um discurso. Quando os postos Shell lançaram a campanha da "Humanologia", fiz questão de ir a um deles para fazer um teste. Fiquei realmente impressionada com a qualidade do atendimento. Por outro lado, muitos bancos lançam campanhas e mais campanhas, a fim de manter seus clientes fiéis, e agem de forma totalmente incoerente com o discurso. Esse é um dos motivos de crescimento do NuBank, uma empresa que, por enquanto (e esperamos que assim permaneça), vem cumprindo sua promessa de "acabar com a complexidade e devolver o controle da vida financeira para cada um".

Tudo isso se soma a questões básicas como qualidade, respeito aos serviços contratados e preço justo.

O cliente está mais conectado socialmente

As redes sociais são cada vez mais utilizadas no momento de tomar uma decisão de compra. É comum que usuários peçam recomendações, façam pesquisas, se relacionem com as marcas de sua preferência e até comprem por meio delas.

Segundo o IAB[9], em 2018 foram investidos em mídia digital no Brasil 16,1 bilhões de reais, o que corresponde a um terço de todo investimento feito em mídia no país.

Desse valor, 67% foi destinado às mídias *mobile*, o que inclui, em grande parte, as redes sociais.

Lembro que, quando comecei a ministrar treinamentos de vendas, em 2003, usava um dado do Sebrae que dizia que "clientes satisfeitos contam sua experiência positiva para aproximadamente sete pessoas, enquanto experiências negativas são relatadas a pelo menos vinte outras pessoas".

Era o tal efeito "boca a boca", que podia ser tanto positivo quanto negativo.

Nos dias de hoje, sabemos que esses dados estão totalmente ultrapassados. Nas redes sociais, uma única mensagem é suficiente para impactar centenas de pessoas. Segundo o livro *A pergunta definitiva 2.0*[10], de Fred Reichhelde e Rob Markey, um consumidor insatisfeito pode "contaminar" 10 mil "amigos" através da internet.

É cada vez mais comum vermos reclamações seguidas de hashtags com os nomes das empresas viralizarem. Muitas empresas, como operadoras de telefonia, bancos e grandes varejistas, possuem áreas dedicadas ao relacionamento com clientes por meio de redes sociais.

Por outro lado, também são cada vez mais frequentes tentativas das empresas de gerarem cases de sucesso por meio de ações de encantamento aos seus consumidores. A propaganda gerada por meio da viralização dessas ações é infinitamente maior em relação aos recursos investidos para produzi-la: por exemplo, uma loja que oferece um sapato novo para o cliente que teve seu calçado comido pelo cachorro, ou a que devolve o ursinho de pelúcia esquecido por uma criança juntamente com um "diário" recheado de fotos do que ele fez enquanto esteve longe do seu dono. O desafio é fazer cair na rede.

É o tal efeito "colocar a boca no mundo", que, mais uma vez, pode ser positivo ou negativo.

O cliente tem menos tempo a perder

Outra característica comum encontrada nas pesquisas foi em relação à forma como as pessoas usam seu tempo. **O consumidor quer agilidade, mas isso não significa que ele sempre esteja com pressa.**

Pesquisadores[11] descobriram que, como o tempo é menos facilmente substituível do que o dinheiro, desperdiçá-lo tende a ser um fato mais doloroso para as pessoas, sobretudo quando pensam sobre como elas não são capazes de compensá-lo.

O desafio é concentrar tempo naquilo que dá prazer, traz benefício no curto prazo e gera sensação de economia de tempo. Uma maneira de perceber como esse é um ponto valorizado é observar o contrário: o quanto nos incomodamos em perder tempo.

Provavelmente você já desistiu de comer em um restaurante por conta da fila e acabou optando por outro que, apesar do mesmo tempo de espera, tinha um *lounge* onde você podia sentar e bebericar algo, certo? Outra estratégia é a empresa informar o tempo de espera para criar uma espécie de acordo com o cliente. Hoje, muita gente faz sua reserva e/ou consulta do tempo de espera por meio de aplicativos, recebendo aviso sobre disponibilidade de mesas por WhatsApp.

Se, por um lado, odiamos perder tempo com questões que consideramos inúteis, por outro, atividades como a de degustar um vinho ou a de vivenciar algum tipo de experiência daquelas que dão frio na barriga costumam encontrar uma brecha na agenda mais facilmente.

Características dos Clientes.

Uma questão que muitas pessoas consideram quando falamos sobre clientes, consumidores ou shoppers, ou seja, quem compra ou consome, esta relacionado as gerações às quais pertencem. Tenho minhas ressalvas em relação a esse aspecto, até porque as gerações convivem de maneira cada vez mais intensa e estão submetidas ao mesmo contexto.

Uma vez perguntei à minha avó como funcionava a troca de correspondências no tempo dela. Fui surpreendida com um: "Por que 'no meu tempo'? Eu não morri. Meu tempo também é agora!".

Outros pontos que as pesquisas costumam considerar são aspectos socioculturais, demográficos e aspiracionais.

Independentemente deles, um item que considero crucial sobre o cliente remete a um *insight* de Jan Carlzon, autor do livro *A hora da verdade*[12]:

"POR TRÁS DE CADA CLIENTE EXISTE UMA PESSOA".

Todos querem ser tratados como indivíduos. Posso pertencer a uma tribo, a um clube, a um cluster, a empresa XPTY… não importa. Observar o que há de único naquela pessoa é fundamental para gerar conexão.

Com isso, todas as tentativas, principalmente do marketing, de entender o comportamento, a jornada, o perfil do cliente, servem para embasar campanhas que atraem, mas, **no caso das vendas presenciais, quem finaliza o processo é o vendedor**.

VENDEDOR EM EVOLUÇÃO

Não há como fugir: ou muda ou morre.

Num mundo cada vez mais digital, em que os consumidores têm acesso a todo tipo de informação, são mais exigentes, estão socialmente conectados, e a tecnologia torna produtos e serviços cada vez mais parecidos ou copiáveis, o papel do vendedor é o de agregar valor ao processo de COMPRA.

Na era digital, o papel do vendedor é agregar valor ao processo de COMPRA.

Para esclarecermos melhor esse aspecto, precisamos primeiro entender os três tipos de vendas:

Venda transacional

Uma venda transacional é aquela na qual só existe a troca de dinheiro por um produto ou serviço que está sendo vendido. Para o comprador transacional, o produto é *commodity*, ou seja, possui baixa diferenciação.

Nesse sentido, o principal critério de decisão do cliente é o preço. Por vezes, existem outras questões envolvidas, como a conveniência ou o simples fato de o cliente estar decidido em relação ao que irá comprar.

Discutir vantagens e benefícios não é a questão-chave, ele não se importa com a defesa do vendedor, ao contrário, para ele, a figura do vendedor é dispensável. É possível, inclusive, que o comprador transacional considere o vendedor um custo, visto que este recebe comissão sobre a venda, que, de certa forma, é paga pelo comprador e aumenta o preço do produto.

Na venda transacional, o papel do vendedor é bastante reduzido. Ele atua apenas como um "entregador" do que o cliente quer.

A tendência é que tudo o que é transacional migre para o comércio eletrônico ou para o autosserviço.

#BORABATERMETA

NA ERA DIGITAL, O PAPEL DO VENDEDOR É AGREGAR VALOR AO PROCESSO DE COMPRA.

CAROL MANCIOLA

Venda consultiva

A venda consultiva é possível quando o comprador se interessa por aplicações e soluções, e valoriza a ajuda de um especialista. O comprador consultivo busca atendimento de venda e pós-venda. Ele valoriza o serviço e está disposto a pagar por isso.

Muitos produtos e serviços demandam hoje a venda consultiva, mas, mais do que isso, é preciso que haja um envolvimento maior do vendedor com seu cliente, afinal, compradores consultivos requerem expertise, conselhos e customização durante o processo de vendas.

Na venda consultiva, o papel do vendedor se torna fundamental. Ele é responsável por orientar o comprador em relação à melhor opção para suas necessidades.

A tendência é que a postura consultiva se instale em todas as vendas presenciais.

Venda empreendedora

Empreender é criar opções de melhor desempenho, ganho ou lucro. O conceito de empreender também está relacionado à capacidade de enxergar além do cotidiano, solucionar com habilidade e criatividade e ter a visão de proprietário.

A venda empreendedora está baseada neste conceito: o profissional de vendas precisa ter uma atuação que vá além do produto ou serviço oferecido. É preciso avaliar seu impacto na rotina do comprador, na cadeia de valor, criando muitas vezes soluções sob medida para seus problemas.

Esse é o tipo de venda mais comum nas relações B2B, em que o papel do vendedor é atuar como parceiro do negócio dos clientes. Isso significa contribuir para aumento dos ganhos ou diminuição das perdas.

Vendedores empreendedores procuram estabelecer relações de parceria por meio de uma visão ganha-ganha.

Apesar desse tipo de venda ser mais comum nas vendas B2B, ela também é possível na relação B2C. Neste caso, o consumidor tem necesidade de algo que vai além do que ele manifesta e precisa de ajuda para comprar, por exemplo: o cliente vai até uma loja para adquirir uma geladeira. O vendedor, durante o diálogo, entende que seria importante para ele a garantia estendida. O cliente não foi até a loja comprar a garatia estendida. Talvez ele até desconhecesse o serviço. Mas durante o diáogo, o vendedor identificou o *stress* que o cliente havia passado por não dispor de um serviço como esse com sua geladeira antiga e ofereceu algo que era uma necessidade não manifestada, mas existente.

A preocupação do vendedor, neste caso, vai além da satisfação do cliente, afinal, ele teria ficado satisfeito com uma geladeira que atendesse aos seus requisitos. A preocupação do vendedor está com o sucesso do cliente, pois antecipou um possível problema e vendeu uma solução completa.

O papel do vendedor na venda empreendedora é adequar o custo ao valor que se pretende criar para o cliente. Apesar de muitos produtos e até serviços não serem customizáveis, o papel do vendedor é maximizar a aplicação do que ele vende para gerar o maior e melhor impacto nos resultados que o cliente deseja conquistar a partir da solução.

TIPO DE VENDA	POSTURA DO CLIENTE	PAPEL DO VENDEDOR	DESAFIO
TRANSACIONAL	Sabe o que quer e o quanto vai pagar	Tirar o pedido	Esse tipo de venda tende a migrar para plataformas digitais e autosserviço
CONSULTIVA	Valoriza ajuda especializada	Auxiliar o cliente na tomada de decisão	Esse tipo de venda é o mínimo que um cliente espera na venda presencial
EMPREENDEDORA	Deseja estabelecer uma relação de parceria	Customizar soluções por meio de produtos e serviços	Nesse tipo de venda é preciso posicionar-se como um parceiro do cliente ou do negócio do cliente

Tipos de Vendas.

> **UM DOS DESAFIOS DO PROFISSIONAL DE VENDAS É RECONHECER A POSTURA DO CLIENTE E ATUAR DE FORMA A PROMOVER A EVOLUÇÃO DO PROCESSO.**

AS TAIS MUDANÇAS NO MUNDO E SEUS IMPACTOS NA FORMA DE VENDER

Quando fiz minha primeira viagem internacional, estava animada com a possibilidade de conhecer Paris de forma intensa em cinco dias. Na época, ainda utilizávamos máquinas fotográficas, mas, para não me acharem tão velha assim, já eram máquinas digitais.

Para tirar o máximo de fotos possível sem precisar levar meu computador para ter que descarregar o cartão de memória ou ficar apagando, decidi que precisava de um memory card extra. Eu tinha um de 500MB. Acreditava que, comprando outro cartão de 4GB, seria suficiente para os cinco dias em Paris. Eu também estava economizando para a viagem, então queria a opção mais econômica.

Fui até uma região famosa em São Paulo e comecei minha peregrinação de loja em loja. Minha pergunta era a mesma: "Você tem cartão de memória da marca Sony com 4GB?". A resposta também era sempre a mesma: "Sim, custa R$ 35,00".

Decidi que, na primeira loja onde alguém oferecesse a R$ 34,50, eu compraria. Entrei em uma, fiz a pergunta de praxe e tive uma resposta surpreendente: "Tenho, sim. Mas 4GB são suficientes?".

Uma luzinha acendeu e respondi que achava que sim, mas não tinha certeza. O vendedor me explicou que, a depender da quantidade de fotos que eu iria tirar, 4GB seriam insuficientes. Expliquei que passaria cinco dias em Paris e que não pretendia levar computador. Ele fez então um cálculo simples e me explicou (não lembro exatamente como foi, mas foi algo parecido): "Cinco dias, Paris no verão, sua primeira vez", e riu. "Acho que você vai tirar muitas fotos".

Eu sorri e continuei prestando atenção ao seu raciocínio: "Se você tirar cem fotos de boa qualidade por dia, o que eu acho pouco, isso significa que você vai consumir cerca de 1GB por dia. Para cinco dias, 5GB seria o mínimo que você deveria levar".

Expliquei que seria caro, e que eu estava economizando por conta da viagem. Que tiraria menos fotos e ele lançou sua proposta: "Tenho um cartão com 32GB, ou seja, oito vezes o que você pretendia, mas ele só custa o dobro do valor. Você vai levar oito vezes mais, pagando apenas por duas. Com esse cartão, você vai ficar livre para fotografar o que quiser. Você vai viajar para Paris! Você vai arriscar perder algum minuto da viagem por ter que ficar olhando para a câmera e apagando foto?"

Comprei, né?

> *Eu era uma compradora com postura transacional. Sabia o que queria e o quanto estava disposta a pagar, mas a postura do vendedor elevou minha compra para uma venda consultiva.*
>
> *O cara era tão bom que começamos a falar de trabalho e troquei cartões de visita (naquela época também se usava) com ele, por conta de uns aparelhos de projeção multimídia que eu tinha interesse para minha empresa. Ou seja, ele estava evoluindo para uma venda empreendedora.*

O cliente sempre vai tentar imprimir seu ritmo de compra. Cabe ao vendedor identificar e entender a possibilidade de promover evoluções na relação com o cliente. Para isso, é preciso se posicionar como um especialista: alguém que entende profundamente o que vende, como vende, para quem vende e para que vende.

O VENDEDOR QUE SE POSICIONA COMO UM ESPECIALISTA ENTENDE PROFUNDAMENTE DO QUE VENDE, COMO VENDE, PARA QUEM VENDE E PARA QUE VENDE.

O que quero dizer é que a postura do vendedor não deve ser reativa.

Na venda B2B, a pressão por redução no orçamento está constantemente forçando compradores a deixarem de lado o pedido de "ajuda" ou até mesmo a relação de parceria em prol do preço. Cabe ao vendedor mostrar que o embolso (quanto se ganha ou se deixa de perder) no longo prazo compensa, muitas vezes, o desembolso de curto prazo (que é quanto o cliente vai gastar para ter o produto). Para isso, conhecer profundamente as metas e objetivos do cliente, o cliente do cliente e identificar como posicionar seu produto de forma estratégica na cadeia de valor fará toda diferença.

Na venda B2C, acontece um processo contrário. Vendedores, muitas vezes despreparados, tiram pedidos ou se sentem vítimas da falta de um produto específico na loja ou do preço que, por vezes, eles próprios não consideram competitivo. Portam-se como vendedores transacionais diante de um cliente que anseia por algum tipo de ajuda. Os altos índices de *turnover* no varejo e a desmotivação ou a falta de orgulho do time de vendas costumam ser os cul-

AS TAIS MUDANÇAS NO MUNDO E SEUS IMPACTOS NA FORMA DE VENDER

pados. A questão é: não seria mais inteligente para as empresas capacitarem suas equipes? Ampliar a consciência do vendedor para o poder que ele possui diante dos clientes viraria esse jogo?

É importante entender que a globalização tornou o mundo um só. A concorrência cresce a cada dia, e as regras do jogo não são as mesmas. Os oceanos azuis ficam vermelhos cada vez mais rapidamente.

Por outro lado, vivemos um período de abundância[13]. A pobreza diminuiu mais nos últimos cinquenta anos do que nos quinhentos anteriores. Nos últimos cinquenta anos, mesmo quando a população da Terra dobrou, a renda média per capita globalmente (ajustada pela inflação) mais do que triplicou. Hoje, um guerreiro Masai do interior do Quênia tem mais acesso à informação por meio de uma pesquisa no Google do que o Bill Clinton teve enquanto era presidente.

Diante de tanta tecnologia e tanta disponibilidade de informação, o melhor que podemos fazer é nos tornar a melhor versão de nós mesmos a cada dia. Todo esse contexto exige por uma evolução também na área de vendas. É preciso reconhecer o poder que o vendedor possui na era digital.

Hoje, a maneira COMO se vende é tão ou mais importante do que O QUE se vende.

PARA BATER META

- O mundo muda desde que o mundo é mundo.
- O cliente está cada vez mais exigente, socialmente conectado e com menos tempo a perder.
- O vendedor precisa ser protagonista nesse contexto no qual a maneira como se vende é tão ou mais importante do que o que se vende.

#BORABATERMETA

HOJE, A MANEIRA COMO SE VENDE É TÃO OU MAIS IMPORTANTE DO QUE O QUE SE VENDE.

CAROL MANCIOLA

TRÊS

COMPETÊNCIAS DE VENDAS

COMPETÊNCIAS DE VENDAS

Na introdução deste livro, expliquei como concluí que "vender é uma competência".

Para mergulhar nesse tema, acredito que faça mais sentido, antes de mais nada, alinharmos o conceito de competência.

Segundo Spencer, McClelland e Spencer[14], competência é uma característica subjacente a uma pessoa que é casualmente relacionada com desempenho superior na realização de uma tarefa ou em determinada situação. Para Afonso Fleury e Maria Tereza Leme Fleury[15], especialistas brasileiros no tema, a noção de competência está quase sempre associada a verbos como: saber agir, mobilizar recursos, integrar saberes múltiplos e complexos, saber aprender, saber engajar-se, assumir responsabilidades, ter visão estratégica. As competências organizacionais existem para agregar valor econômico para a organização e valor social para o indivíduo.

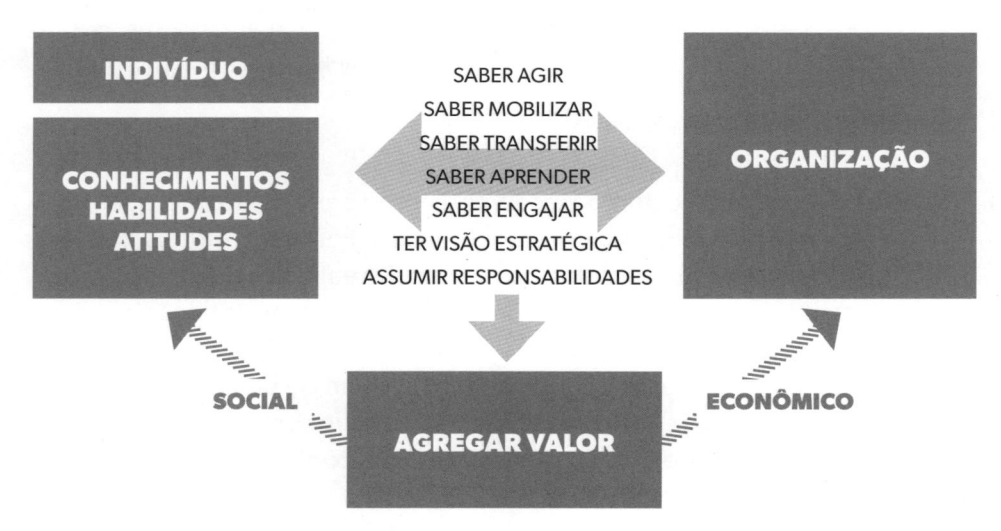

"Competências como Fonte de Valor para o Indivíduo e para a Organização" [15]

Uma maneira de ampliar a compreensão do conceito de competência é entender o que significam os verbos expressos nesse conceito. O quadro a seguir (inspirado na obra de Le Boterf[16]) propõe algumas definições.

#BORABATERMETA

Saber agir	Saber o que e por que faz. Saber julgar, escolher, decidir
Saber mobilizar recursos	Criar sinergia e mobilizar recursos e competências
Saber comunicar	Compreender, trabalhar, transmitir informações, conhecimentos
Saber aprender	Trabalhar o conhecimento e a experiência, rever modelos mentais, saber desenvolver-se
Saber engajar-se e comprometer-se	Saber empreender, assumir riscos. Comprometer-se
Saber assumir responsabilidades	Ser responsável, assumindo os riscos e consequências de suas ações e sendo por isso reconhecido
Ter visão estratégica	Conhecer e entender o negócio da organização, o seu ambiente, identificando oportunidades e alternativas

"Competências para os Profissionais"[16].

Na área de vendas, costumo observar um certo pragmatismo quando o assunto é identificar e desenvolver competências. Por vezes, alguns gestores acreditam que o conceito se distancie demais da realidade do grupo ou que os comportamentos descritos nas competências estão românticos demais.

A questão aqui não é a competência em si, mas a maneira como elas estão descritas. Por isso, vale frisar o conceito mais comum de competência, que é **o conjunto de conhecimentos, habilidades e atitudes de uma pessoa que influencia na qualidade do seu desempenho e contribui para o alcance dos objetivos organizacionais.**

Esse conjunto de conhecimentos (o que o indivíduo deve saber), aliado às habilidades (o que o indivíduo deve saber fazer) e às atitudes (o que efetivamente o indivíduo faz), forma o que chamamos de competência. Para que essas competências gerem valor para o indivíduo e para as organizações, a maneira como elas são definidas faz toda diferença.

DEFININDO COMPETÊNCIAS

Para que as competências necessárias sejam definidas, é preciso considerar o contexto no qual se encontra o indivíduo e os desafios que ele precisa superar.

Um exemplo interessante de formatação de competências necessárias é o elaborado pelo Fórum Econômico Mundial e divulgado por meio do relatório "O futuro do trabalho"[17]. Nele, o cenário é avaliado sob as perspectivas atual e futura. A base da pesquisa são opiniões de executivos, líderes de recursos humanos e grandes empregadores. Vinte países com economias desenvolvidas e mais de trezentas empresas de diversos setores participaram da elaboração do relatório, em 2018, que contou também com informações fornecidas pelo LinkedIn.

As estimativas das empresas pesquisadas fornecem uma visão diferenciada de como a colaboração homem-máquina pode evoluir no horizonte de tempo até 2022. Até 2018, as máquinas e os algoritmos atuaram de forma complementar ao trabalho humano no processamento de informações e dados. Eles também suportam o desempenho de tarefas complexas e técnicas, além de suplementar mais atividades de trabalho físicas e manuais. No entanto, algumas tarefas de trabalho permanecem esmagadoramente humanas, como comunicação e interação, coordenação, desenvolvimento, gerenciamento e assessoria, bem como raciocínio e tomada de decisão. Em 2022, essa imagem está projetada para mudar um pouco. Espera-se um aprofundamento geral das tendências existentes, com máquinas e algoritmos aumentando em média sua contribuição para tarefas específicas em 57%.

O quadro a seguir deixa clara essa relação:

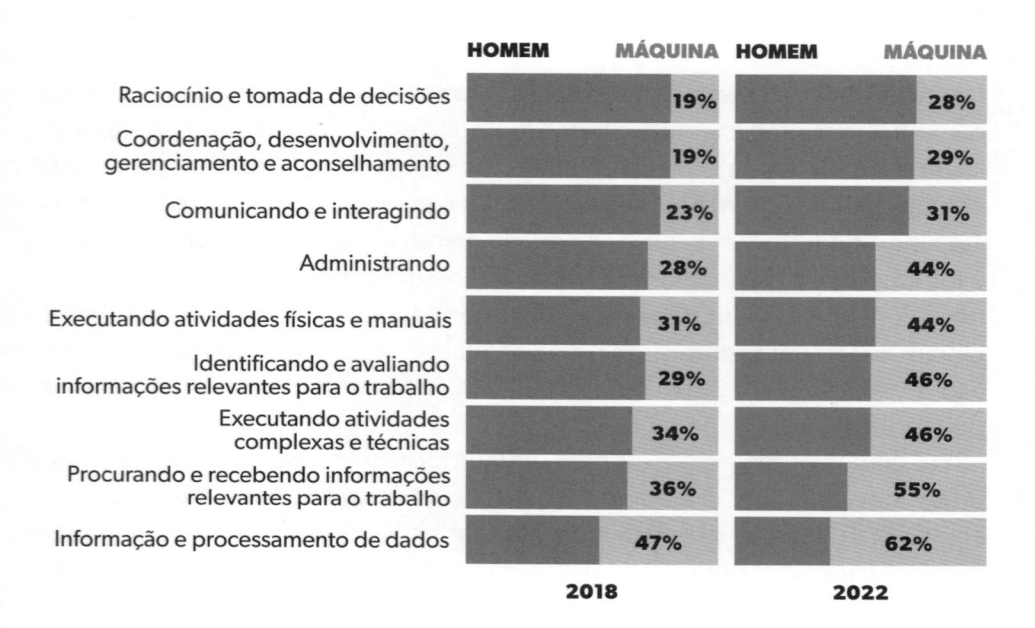

	HOMEM	MÁQUINA	HOMEM	MÁQUINA
Raciocínio e tomada de decisões		19%		28%
Coordenação, desenvolvimento, gerenciamento e aconselhamento		19%		29%
Comunicando e interagindo		23%		31%
Administrando		28%		44%
Executando atividades físicas e manuais		31%		44%
Identificando e avaliando informações relevantes para o trabalho		29%		46%
Executando atividades complexas e técnicas		34%		46%
Procurando e recebendo informações relevantes para o trabalho		36%		55%
Informação e processamento de dados		47%		62%
	2018		**2022**	

Por meio de um retrato (que, na verdade, mais parece um filme) embasado nessa ampla pesquisa, o relatório definiu as dez competências mais requisitadas até 2022 como sendo as seguintes:

1. Pensamento analítico e inovador
2. Aprendizagem ativa e estratégias de aprendizagem
3. Criatividade, originalidade e iniciativa
4. Design e programação de tecnologia
5. Pensamento crítico e análise
6. Resolução de problemas complexos
7. Liderança e influência social
8. Inteligência emocional
9. Raciocínio, resolução de problemas e ideação
10. Análise e avaliação de sistemas

O que se extrai de toda essa discussão sobre o futuro do trabalho é que humanos precisarão ser essencialmente humanos.

NO FUTURO DO TRABALHO, HUMANOS PRECISARÃO SER ESSENCIALMENTE HUMANOS.

Ou seja, o profissional que quiser se manter no jogo terá que desenvolver cada vez mais aspectos como empatia, comunicação, visão detalhada, oratória, interpretação de informações e julgamento, pensamento integrado, habilidades sociais, e estar disposto a executar trabalhos híbridos.

Uma pesquisa realizada pela Delloite[18] concluiu que 47% dos empregos que ainda existem hoje desaparecerão nos próximos dez anos. No entanto, 77% dessas empresas pesquisadas acreditam que a tecnologia está criando "melhores empregos", enquanto apenas 20% delas veem reduções de empregos.

E O QUE A ÁREA DE VENDAS TEM A VER COM ISSO?

Absolutamente TUDO. Seria muita presunção nossa acreditar que diante de toda essa revolução a área de vendas e a forma de vender não seriam impactadas.

Durante muitos anos, a área de vendas das empresas foi considerada uma das mais indisciplinadas e menos estudadas. O foco estava na produção, e vender era apenas uma maneira de escoá-la para produzir ainda mais.

Hoje é possível observar um enfoque mais amplo, em que a discussão sobre a cadeia de valor é tão importante quanto sobre a cadeia produtiva.

Nesse sentido, nada mais natural que a maneira de vender acompanhe essas tendências e também precise se reinventar. As características valorizadas em profissionais de vendas estão, neste exato momento, sendo discutidas.

Ainda me apavoro quando vejo treinadores de vendas com discursos altamente agressivos, tratando a negociação como uma batalha e disseminando técnicas de persuasão que se aproximam mais de técnicas de manipulação. É comum que convenções de vendas ainda tragam como temática guerras, batalhas e lutas de boxe. Isso motiva, dizem alguns.

A questão é: precisamos mesmo de motivação?

Saber vender, por si só, é uma competência. E não se engane: não é algo que qualquer um faz. Estar vendedor (profissão, cargo, função) não significa necessariamente saber vender.

ESTAR VENDEDOR NÃO SIGNIFICA NECESSARIAMENTE SABER VENDER.

A baixa performance de profissionais que ocupam esses cargos nas organizações muitas vezes se relaciona ao fato de que a competência de vendas não está instalada e, por ser considerada *default*, tampouco é desenvolvida.

Se atuamos no sentido de motivar, pressupomos que a equipe já tem os instrumentos e capacidades necessárias para um bom desempenho, e que isso só precisa ser explicitado. Quando o foco está em inspirar, compreendemos seus desafios, reconhecemos suas dificuldades e mostramos como agir dentro do seu contexto, apresentando resultados consistentes de quem, diante de um mesmo cenário, conseguiu fazer diferente e fazer a diferença.

A motivação é algo que vem de dentro. Inspiração vem de fora.

É importante que o ambiente dê motivos para a ação, mas, faz muito mais sentido, fazer isso por meio da inspiração. Campanhas de incentivo, remuneração variável, premiações... isso ajuda, mas atua muito mais como fator "desmotivador" quando não existe, quando não é claro ou quando não parece justo, do que como algo que mantenha a equipe engajada no longo prazo.

Os aspectos internos, como crenças e valores, precisam ser constantemente trabalhados nas pessoas, mas é importante ter cuidado com o excesso de falação. Equipes de vendas, inclusive, costumam ser céticas. Elas precisam ver para crer.

Ao definir a competência de vendas, considerei três premissas:

1. A competência é algo que ajuda na superação de desafios;
2. A competência é a soma de conhecimentos, habilidades e atitudes;
3. A competência precisa considerar o contexto: a era digital.

COMPETÊNCIA: VENDER

	COMO SEMPRE FOI	**COMO DEVE SER**
DESAFIO	Vender a qualquer custo	Vender de forma sustentável
CONHECIMENTOS	• Características dos produtos • Processos e procedimentos	• Vantagens, benefícios e aplicações dos produtos • Tendências que afetam o cliente
HABILIDADES	• Falar • Diminuir os custos para o cliente • Executar	• Dialogar • Ampliar os ganhos para o cliente • Pensar
ATITUDES	• Manipulação • Dissimulação • Vencer	• Influência • Autenticidade • Parceria

Durante muito tempo, vendedores foram direcionados e treinados a **vender a qualquer custo**. Não estou falando apenas sobre fornecer descontos para os clientes, mas também sobre manipular, enganar e empurrar de modo a garantir a venda, mesmo correndo-se o risco de se perder clientes.

Meu sócio, Ivan Corrêa, conta que um dos primeiros treinamentos de vendas do qual ele participou no início da década de 1980, tinha um slide que dizia: O BOM VENDEDOR NÃO DEIXA RASTROS.

Ou seja, com o mercado pouco explorado, produtos pouco desenvolvidos em diversos segmentos e poucas possibilidades de comunicação, o foco era vender para o máximo de pessoas e empresas possível, sem preocupação alguma com o pós-venda.

Assim, o vendedor que batia suas metas conhecia de trás para frente as **características dos seus produtos, processos e procedimentos**. Com isso, conseguia imprimir um ritmo intenso à sua propaganda, sempre oferecendo desconto e **executando** as orientações bem específicas de "o que vender", "como vender" e "para quem vender". Era o vendedor estilo "sambarilove" (se você é muito jovem e não sabe o que isso significa, por favor, dê um Google).

Esse vendedor era preparado para **manipular** o cliente e agir de forma **dissimulada**. Como o cliente tinha menos acesso à informação, era mais fácil "enganá-lo", e o vendedor era uma fonte cheia de *cases* e prospectos que comprovavam suas teorias. Ele usava qualquer tipo de argumento para **vencer a negociação**. A ausência de SACs, de canais como o "Reclame aqui" e até de muitos dos direitos conquistados pelo consumidor, além da evolução do direito empresarial só em tempos mais recentes, fazia com que o processo de vendas terminasse após a efetivação de compra.

Quando vejo que ainda hoje as pessoas acham uma ofensa ser chamadas de vendedoras, volto no tempo e os motivos ficam evidentes. O papel do vendedor estava deturpado. Ser vendedor, em alguns casos, era sinônimo de ser charlatão, enganador, manipulador etc. Por isso, ainda vemos empresas dando nomes diferentes ao cargo de vendedor.

Ainda bem que os tempos são outros e que estamos voltando ao prumo.

Hoje, os vendedores precisam construir **relações sustentáveis**. Mas, para isso, é preciso demonstrar relevância. Durante muito tempo, o vendedor se relacionava para conquistar confiança. Hoje, o vendedor, precisa rapidamente se tornar relevante, para conquistar o direito de se relacionar com o cliente, ou seja:

RELACIONAMENTO NÃO É MAIS PREMISSA. RELACIONAMENTO É CONQUISTA.

A disponibilidade da informação permite ao cliente acesso fácil às características de qualquer produto. O vendedor hoje precisa conhecer suas **vantagens** (no que ele é melhor que a concorrência), seus **benefícios** (como aquele produto ou serviço irá beneficiar o comprador e/ou o consumidor) e suas **aplicações** (como o cliente pode maximizar a utilização do produto ou serviço).

Ou seja, é preciso ir muito além do que se vende e **ampliar a compreensão sobre o cliente**. Para isso, é preciso considerar que cada cliente é único, cada empresa é única e, por mais que o produto tenha sido desenvolvido para determinado nicho de mercado, a maneira como ele resolve os problemas ou realiza sonhos de cada um é única. Mais do que fazer perguntas, o vendedor precisa construir um **diálogo consultivo**: propor questionamentos inteligentes, ouvir respostas, conectar informações, oferecer alternativas, entender barreiras, esclarecer dúvidas. Não se trata de um "passo a passo", mas de uma comunicação fluida, de imprimir um ritmo adequado aos envolvidos e ter como premissa o interesse genuíno pelos problemas ou sonhos do cliente.

COMPETÊNCIAS DE VENDAS

VENDER NÃO SE TRATA DE SEGUIR UM "PASSO A PASSO". VENDER É UM PROCESSO NO QUAL A COMUNICAÇÃO PRECISA FLUIR, IMPRIMIR UM RITMO ADEQUADO AOS ENVOLVIDOS E TER COMO PREMISSA O INTERESSE GENUÍNO PELOS PROBLEMAS OU SONHOS DO CLIENTE.

Sair da guerra de preço é fundamental. Se um cliente só quer preço é porque ele não vê valor no que você vende. Se o único diferencial do que você vende é o preço, isso significa que você é dispensável.

Essa afirmação pode soar muito dura, mas, acredite em mim, ela é verdadeira. Vendas baseadas em preço são transacionais, e vendas transacionais tendem a migrar para o comércio eletrônico. A ausência de um vendedor diminui o custo, e se é só custo o que o cliente quer...

Por isso, fala-se tanto em agregar valor. Valor é algo que o cliente percebe. Ou seja, os fornecedores estabelecem o preço, o cliente é que dá o valor. O desafio do vendedor é mostrar valor, gerar valor, agregar valor mas, para isso, é preciso conhecer profundamente o cliente, seus desejos e aspirações. É preciso tirar o foco do cliente do desembolso (quanto ele vai gastar para obter o produto ou serviço) para o embolso, **ampliando os ganhos** do cliente, seja mostrando efetivamente o que ele ganha, seja ressaltando o que ele deixa de perder por meio do que acabou de adquirir.

O tirador de pedidos morreu. O vendedor de hoje precisa ser um especialista em produtividade de clientes.

Já se foi o tempo em que, para vender, eram disponibilizados recursos e mais recursos de vendas que iam dos tradicionais descontos e bonificações a brindes e viagens. Hoje, os recursos são escassos, por isso o vendedor precisa decidir muito bem como vai utilizá-los. A capacidade de análise do vendedor tem se tornado um grande diferencial na conquista dos resultados. Hoje, além de executar, o vendedor precisa **pensar**, tomar decisões, monitorar resultados, corrigir rotas e ser o protagonista do processo.

Muitas informações são entregues às equipes de vendas:
- No mercado B2C, pesquisas de comportamento do *shopper*, tendências de consumo, comparativos da concorrência;
- No mercado B2B, todo seu histórico de relacionamento em algum tipo de sistema de gestão de cliente, seja num CRM ou numa planilha de Excel, estruturado juntamente com informações e mais informações

#BORABATERMETA

SAIR DA GUERRA DE PREÇO É FUNDAMENTAL. SE UM CLIENTE SÓ QUER PREÇO É PORQUE ELE NÃO VÊ VALOR NO QUE VOCÊ VENDE. SE O ÚNICO DIFERENCIAL DO QUE VOCÊ VENDE É O PREÇO, ISSO SIGNIFICA QUE VOCÊ É DISPENSÁVEL.

CAROL MANCIOLA

COMPETÊNCIAS DE VENDAS

que avaliam seu potencial de compra e incluem análise sobre o retorno das ações executadas.

Por mais detalhadas que sejam as informações que esse profissional terá acesso, por mais previsível que seja o comportamento de um cliente, é no *face to face*, no momento da verdade, que as coisas acontecem. Por isso, estar preparado para "o que der e vier" é fundamental.

Alguém mais preparado, mais disposto e que esteja mais alinhado às perspectivas do outro será mais capaz de **influenciar**.

Os autores Allan R. Cohen e David L. Bradford[19] criaram um modelo de influência que denominaram de Influência sem Autoridade:

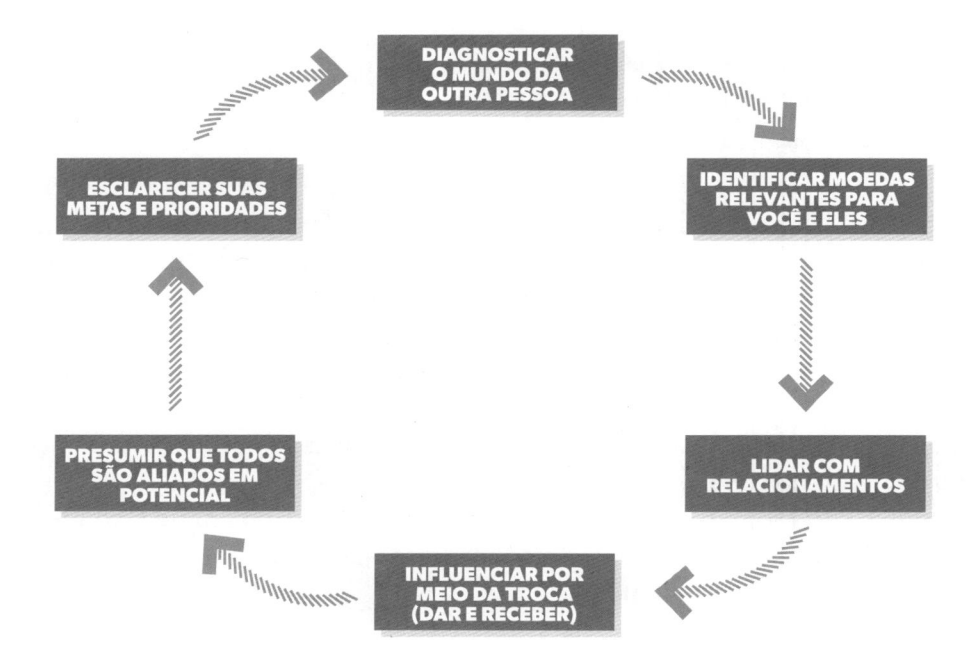

```
DIAGNOSTICAR O MUNDO DA OUTRA PESSOA
    ↓
IDENTIFICAR MOEDAS RELEVANTES PARA VOCÊ E ELES
    ↓
LIDAR COM RELACIONAMENTOS
    ↓
INFLUENCIAR POR MEIO DA TROCA (DAR E RECEBER)
    ↓
PRESUMIR QUE TODOS SÃO ALIADOS EM POTENCIAL
    ↓
ESCLARECER SUAS METAS E PRIORIDADES
    ↓
(volta ao início)
```

Eles explicam que o início do processo de influência se dá a partir do momento em que lidamos com o outro considerando que este é um aliado em potencial. Ou seja, o vendedor precisa se posicionar como um **parceiro** do cliente, agindo da forma mais **autêntica** possível. Para conseguir vender mais, sem degringolar a margem e tornar esse processo contínuo, a relação entre vendedor e comprador precisa ser honesta.

Após uma pesquisa realizada com 6 mil vendedores de noventa empresas de segmentos diferentes, Matthew Dixon e Brent Adamson, autores do livro

#BORABATERMETA

A venda desafiadora[20], concluíram que vendedores de alta performance são aqueles que usam toda a sua compreensão do negócio do cliente para direcionar seu discurso e controlar a conversa. Falam sem medo sobre pontos de vista controversos à visão do cliente.

Esses vendedores são capazes de desenvolver novas ideias e criar soluções complexas, tirando, inclusive, o cliente de sua zona de conforto. A alta performance em vendas, segundo eles, é conquistada por profissionais que levam seus clientes a confrontarem problemas e a tomarem decisões difíceis. Para que um cliente aceite um produto ou serviço, ele precisa reconhecer a urgência dos seus problemas e enxergar no vendedor (e no que ele vende) uma opção para solucioná-los.

"EU TENHO A FORÇA!"

(Se você também não conhece essa expressão, dê um Google, por favor.)

Essa é uma postura bem diferente da que sempre foi pregada em vendas: ou se era um vendedor manipulador excêntrico agressivo ou atuava-se de forma cordata tirando os pedidos dos clientes e conseguindo as melhores ofertas dentro daquilo que eles exigiam. Essas posturas criam os paradigmas que ainda ouvimos sobre ser vendedor. Para quebrar esses paradigmas, precisamos mudar nossa postura e, antes de mais nada, reconhecer o poder do vendedor no processo de compra.

Arthur Red Motley, que atuou como presidente da Câmara de Comércio americana na década de 1960, tem uma frase que considero incrível e que traduz o poder que nós temos:

"NADA ACONTECE ATÉ QUE UMA VENDA SEJA FEITA"

Reconhecer a importância do seu papel e preparar-se para executá-lo da melhor maneira possível é uma premissa de sucesso para atuar na área de vendas nos dias de hoje.

Tendo "caído de paraquedas" ou estando apenas para "passar uma chuva", é preciso entender o quanto o desenvolvimento da competência de vendas é útil tanto para o exercício da profissão de vendedor quanto para outras profissões.

Seja no mercado B2B, seja no mercado B2C, detalhar o que se espera do vendedor, considerando os atuais desafios do mercado e dos clientes, tornará as competências mais conectadas e compreensíveis, o que facilitará sua aquisição e desenvolvimento.

Ter clareza dessas competências é fundamental também para o gestor, que pode selecionar de maneira mais consciente, treinar, desenvolver e dar *feedback* promovendo a evolução do seu time. Competências claras e instaladas (ou em desenvolvimento) fazem a diferença para as organizações que conquistarão resultados mais consistentes por meio de uma força de vendas mais preparada. E, por fim, para o cliente que recebe o auxílio necessário para comprar algo que de fato fará a diferença nos resultados.

Como somos todos clientes, tenho a audácia de dizer que vendedores competentes farão bem para o mundo.

Como diria meu amigo, consultor e palestrante Claudio Zanutim[21]: tenha orgulho de ser vendedor!

PARA BATER META

- Competência é o conjunto de conhecimentos, habilidades e atitudes de uma pessoa que influenciam na qualidade do seu desempenho e contribuem para o alcance dos objetivos organizacionais.
- Para definir competências, é preciso considerar não apenas o trabalho que será executado, mas os desafios do contexto que impedem/atrapalham sua execução.
- Estar vendedor não significa necessariamente saber vender.
- Vender é uma competência.
- Seja no mercado B2B ou no mercado B2C, é preciso desenvolver a competência de vendas considerando os atuais desafios do mercado e dos clientes.
- Vendedores competentes contribuirão para a criação de um mundo melhor.

#BORABATERMETA

COMO SOMOS TODOS CLIENTES, TENHO A AUDÁCIA DE DIZER QUE VENDEDORES COMPETENTES FARÃO BEM PARA O MUNDO.

CAROL MANCIOLA

QUATRO

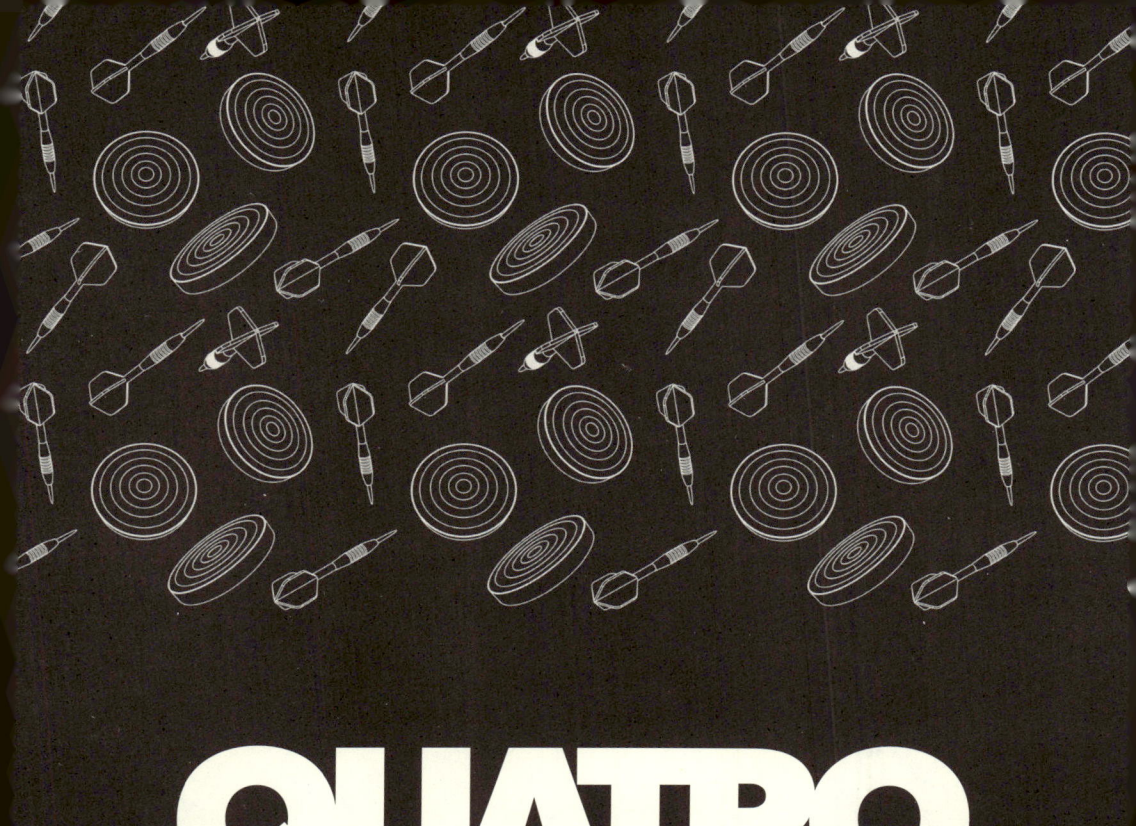

PREPARE-SE PARA VENDER

PREPARE-SE PARA VENDER

Todos na sala de reunião ficaram incomodados quando eu disse que, durante a realização de um cliente oculto, a performance dos vendedores ficou muito aquém. Toda a diretoria estava reunida esperando que eu apresentasse o diagnóstico de um mergulho no negócio que serviria de embasamento para definição de ações de treinamento para o time.

Esse costuma ser um momento que gera incômodo, e logo surgiram as manifestações:

"Mas os clientes adoram nosso atendimento!" — exclamou um.

"Nosso NPS[10] é um dos melhores do segmento" — argumentou outro.

Fiz uma pergunta retórica com o objetivo de fazê-los refletir sobre o descasamento entre minha conclusão e suas justificativas:

"Mas em que momento eu disse que fui mal atendida?"

No geral, eu tinha sido, sim, bem atendida.

Pedia um tênis de corrida, número 35. Eles me mostravam algumas opções. Uns, muito "preocupados em fechar a venda", reforçavam que o mais barato era também muito bom. Eu experimentava, gostava, em alguns casos simplesmente comprava. Em outros, demonstrava dúvida (que a maioria dos vendedores encara como objeção) e, diante da reação, decidia ou não pela compra. Ninguém foi indelicado, agressivo, "forçou a barra". Todos foram simpáticos, cordiais e pacientes.

A questão é: **prestar um bom atendimento não significa vender bem.**

O papel do vendedor não é o de apenas me atender. Eles são VENDEDORES. Durante a realização dos clientes ocultos, ninguém me vendeu nada, fui eu que comprei.

Há algum tempo, venho observando esse ponto junto aos times de vendas que liderei ao longo da vida. Eu achava estranho que, quando eu os acompanhava nos clientes, as demandas eram sempre maiores das que eles me traziam inicialmente. No entanto, também com eles o *feedback* dos clientes sempre foi muito positivo: "compreendem o *briefing*", "trazem soluções aderentes às nossas necessidades", "criam formas criativas de apresentar uma solução".

#BORABATERMETA

Ou seja, são excelentes no atendimento. Aliás, em alguns dos times que liderei, o nome do cargo dos vendedores variava entre *key account* (gestor de contas) e relacionamento e atendimento. Será coincidência?

> Esse ponto me chamou muita atenção no início de 2018 após realizar um diagnóstico do atendimento (era assim que eles chamam o que o vendedor faz na loja) em 46 unidades de um dos maiores varejistas do país. Além de estudarmos todo seu processo de vendas e analisarmos seus indicadores, acompanhamos 98 atendimentos com os melhores vendedores da empresa (leia-se: os vendedores com melhores resultados de vendas) e entrevistamos 170 clientes.
> Os principais achados dessa pesquisa mostravam o seguinte:
> - Após realizar a pesquisa de NPS, o quesito atendimento apareceu em 100% das respostas qualitativas dos clientes, mas não houve um padrão: para alguns clientes, o atendimento era um fator detrator; para outros, neutro; e para alguns, o fator promotor.
> - Quando avaliamos o processo de vendas, percebemos que, durante a sondagem, havia alta aderência às questões relacionadas ao entendimento do que o cliente queria (75%), mas perguntas para explorar necessidades não declaradas foram realizadas em apenas 35% dos casos.
> - Em relação à apresentação da solução, o foco estava na demonstração do produto, ou seja, a equipe de vendas mostrava ao cliente (de forma presencial ou com recursos digitais) o que este queria com, no máximo, outras opções de marcas; a oferta de produtos e serviços financeiros era realizada de forma automatizada, sem nenhuma conexão com o cliente, e teve 95% de recusa.
> - Quando entrevistados sobre os seus desafios de vendas, 43 vendedores de alta performance disseram que seu desafio estava em vender algo que o cliente não veio procurar.

PREPARE-SE PARA VENDER

Esses dados, por mais que se refiram a uma amostra pequena, podem ser empiricamente observados em nosso dia a dia, ao se passear pelo shopping, por exemplo. No mercado B2C, perde-se muita oportunidade de venda, pelo fato de a equipe dedicada a vender ater-se a simplesmente atender.

Quando converso com meus clientes do mercado B2B, ouço deles quase sempre as mesmas queixas: "meu time vende mais do mesmo", "meu time precisa ir além do pedido", "meu time precisa explorar o potencial do cliente". Mais um reforço de que o time está focado em garantir o feijão com arroz quando o cliente tem fome e podemos oferecer um banquete.

Em resumo, seja no mercado B2B seja no B2C, a queixa geral é: "Meu time precisa vender".

E aí está o desafio!

**Atender bem é necessário, mas não suficiente.
É uma premissa, mas não garante venda.**

Uma nota alta de NPS não significa um resultado excepcional em vendas. Mesmo o bom resultado pode não significar um resultado adequado, ou seja, o potencial pode não estar sendo devidamente explorado. É alarmante ver varejistas com taxa de 15% de conversão de clientes e empresas de vendas B2B comemorando 20% em média.

Costumo dizer que **um resultado "bom" pode estar camuflando um processo ruim.**

É um desperdício quando o vendedor consegue promover um bom atendimento e não realiza uma boa venda. É importante lembrar que essa é uma postura transacional e que, num futuro bastante próximo, a venda transacional tende a ser realizada por máquinas, não por pessoas.

**Ao atender bem, o vendedor entrega o que o cliente QUER.
Para vender, é preciso entender o que o cliente PRECISA.**

Para continuar existindo, o vendedor deve agregar valor ao processo de vendas, por isso, atuar identificando oportunidades é imprescindível. A questão não é "empurrar" um produto, não é manipular o cliente, mas usar da empatia para encontrar "problemas" e oferecer soluções. Isso é ser consultivo, isso é ser vendedor.

#BORABATERMETA

ATENDER BEM NÃO SIGNIFICA VENDER BEM. VENDER BEM NÃO SIGNIFICA EMPURRAR. O BOM VENDEDOR É AQUELE QUE AJUDA O CLIENTE A COMPRAR.

CAROL MANCIOLA

Entregar ao cliente aquilo que ele estava procurando (sua necessidade explícita) é atender sua expectativa. Entender porque ele quer aquilo e reconhecer o que mais lhe pode ser útil (necessidade implícita) é superar as expectativas.

NECESSIDADE

EXPLÍCITA	IMPLÍCITA
DESEJO	PROBLEMA
CONFIRMAR	DESCOBRIR
ATENDER	ENCANTAR

Necessidade Explícita x Necessidade Implícita.

A cobrança das empresas pela venda adicional, pela positivação, pelo mix, pelo aumento do volume etc. é, na verdade, um esforço para que o vendedor exerça seu papel de vender além daquilo que o cliente deseja efetivamente comprar.

Apresentar as características de um produto é, muitas vezes, suficiente para proporcionar um bom atendimento. Por mais que o cliente tenha acesso à informação, ao optar por uma compra presencial ele considera as informações obtidas junto ao vendedor. Para vender, é preciso gerar conexões que possibilitem a apresentação dos benefícios que aquele produto ou serviço trará para aquele cliente, lembrando que benefício é algo exclusivo. Por exemplo: se um médico gosta de oferecer amostras grátis para seus pacientes como forma de diminuir os custos de um tratamento, o representante deve oferecer as amostras como um benefício. Se um médico não utiliza as amostras, esse recurso de geração de demanda que o representante possui não tem valor para o médico, ou seja, não é um benefício.

Um bom atendimento é capaz de deixar um cliente SATISFEITO: ele verbalizou o que queria e o vendedor atendeu. Uma boa venda colabora com o SUCESSO do cliente e tende a deixá-lo encantado: ele confiou no vendedor, abriu seus desafios, e o vendedor conseguiu ir além do que ele queria, oferecendo aquilo que o cliente precisava, que era importante para ele ou para sua empresa.

#BORABATERMETA

ATENDIMENTO	X	VENDA
NPS	**INDICADOR**	Meta
Satisfação do cliente	**OBJETIVO**	Sucesso do cliente
No que o cliente QUER	**FOCO**	No que o cliente PRECISA
Transacional	**PROCESSO**	Consultivo
Explica características	**PRODUTO**	Apresenta benefícios
Concorda ou lamenta	**OBJEÇÃO**	Entende, explica e propõe alternativas
Especialista em produto	**CONHECIMENTO**	Especialista em cliente
Preço ou promoção	**ARGUMENTO**	Valor para o cliente
Vender	**PRÓXIMO PASSO**	Encantar

Resumo das diferenças entre Atendimento x Vendas.

Atender bem é uma premissa para vender bem. Atender bem e não vender é um desperdício.

AMPLIAR O OLHAR

É claro que existem *n* fatores que colaboram para que o time foque mais em atender do que em vender: gestão, pressão, falta de orientação e falta de recursos são alguns deles. Mas, ao realizar um diagnóstico dos indicadores comerciais sob essa perspectiva, será possível identificar algumas estratégias de incentivo, orientação e treinamento para proporcionar uma melhor performance do time e, consequentemente, dos resultados.

INDICADOR	B2C	B2B
TAXA DE CONVERSÃO	Qual o esforço realizado pelo time para identificar pelo menos um item de interesse do cliente?	Qual o nível de esforço do time para ir além da apresentação institucional na visita e cavar oportunidades por meio de um mergulho nos desafios do cliente?
ITENS POR PEDIDO/PA (PEÇAS POR ATENDIMENTO)	O que é oferecido pelo cliente após ele ter escolhido o item de seu interesse é feito por protocolo ou tem conexão com seu perfil/ necessidades?	O portfólio da empresa está sendo testado com o cliente ou o vendedor acha que já sabe o que funciona e o que não funciona naquele cliente, por isso se atém a ofertar mais do mesmo?
TICKET MÉDIO	As crenças sobre valor do time estão influenciando o que eles oferecem para o cliente?	O time dá desconto sem o cliente pedir ou negocia contrapartidas?
FREQUÊNCIA DE COMPRAS	Qual a preocupação do time de vendas em cadastrar os clientes no CRM e acioná-los para retornarem à loja?	O time se dedica mais a visitar clientes potenciais ou aqueles com os quais mais tem relacionamento?

Promover melhorias no ambiente, na qualidade dos produtos e serviços prestados, acelerar o tempo de entrega, ampliar o portfólio, entre outras ações, são ações que costumam "aquecer as vendas". Investir em marketing para atrair novos *leads* e aumentar o fluxo de clientes também.

No entanto, **a qualidade da venda é proporcional ao direcionamento dos esforços do vendedor**. Por isso, avaliar diversos indicadores contribui para uma melhor análise dos resultados de vendas.

INVESTIR EM *BRANDING* E CULTURA

Os investimentos de marketing deveriam ser proporcionais aos investimentos em treinamento e desenvolvimento da equipe, a meu ver.

Sem sombra de dúvida, campanhas de marketing geram impacto sobre as vendas: elas ampliam a exposição da marca, divulgam características dos produtos/serviços, atraem clientes. Em suma, despertam o interesse do cliente e costumam encher o funil de vendas.

É lógico pensar que, se mais pessoas têm o interesse aguçado por aquilo que você oferece, mais pessoas irão comprar o que você vende. No entanto, aí começa o verdadeiro desafio, pois, assim como nos fenômenos químicos, nem sempre é possível manter todas as condições normais de temperatura e pressão. De uma maneira geral, quando não é possível provar o retorno do investimento feito em marketing, costuma-se argumentar que, no mínimo, a ação foi importante para reforçar a marca da empresa.

É preciso lembrar que marketing não é tudo. Tão importante quanto atrair pessoas e agendar visitas é converter interessados em clientes. Por isso, para garantir que o time vá além do atendimento e aproveite melhor o potencial dos clientes, é preciso considerar outros recursos que possibilitem, além da atração, a captura e a retenção dos clientes.

A perspectiva que reforço aqui está na promoção de melhorias no comportamento da equipe de vendas.

Quer ampliar a atração? Invista em marketing. Quer ampliar a conversão? Invista em treinamento.

Já ouvi diversos empreendedores utilizarem o argumento de que "investir em marketing amplia o valor da marca, algo que é meu, que não pede demissão"; ao mesmo tempo, é comum ouvir que "muitas vezes invisto em treinamento e meus vendedores vão embora". Penso que aí está um grande paradoxo, afinal, ao investir em treinamento, no mínimo o empresário estará reforçando a cultura da sua empresa. E criar uma cultura de vendas lastreada na excelência do atendimento é um desafio.

Ou seja, se por um lado capacitar a equipe cria o risco de "treiná-los para a concorrência", por outro, manter uma equipe comercial despreparada provavelmente trará prejuízos ainda maiores.

É uma questão de decisão: **você pode atrair pessoas para desenvolver clientes ou pode desenvolver pessoas para conquistar clientes!**

Todos esses pontos podem parecer irrelevantes, mas, como canta Roberto Carlos[22] são "detalhes tão pequenos de nós dois, são coisas muitas grandes para esquecer, e a toda hora vão estar presentes, você vai ver".

#BORABATERMETA

QUER AMPLIAR A ATRAÇÃO?
INVISTA EM MARKETING.
QUER AMPLIAR A CONVERSÃO?
INVISTA EM CULTURA.

CAROL MANCIOLA

PARA BATER META

- Atender bem não significa vender bem.
- Vender bem não significa empurrar.
- O bom vendedor é aquele que ajuda o cliente a comprar.
- Resultado "bom" pode estar camuflando um processo ruim.
- A qualidade da venda é proporcional ao direcionamento dos esforços do vendedor.
- Quer ampliar a atração? Invista em marketing. Quer ampliar a conversão? Invista em cultura.

CINCO

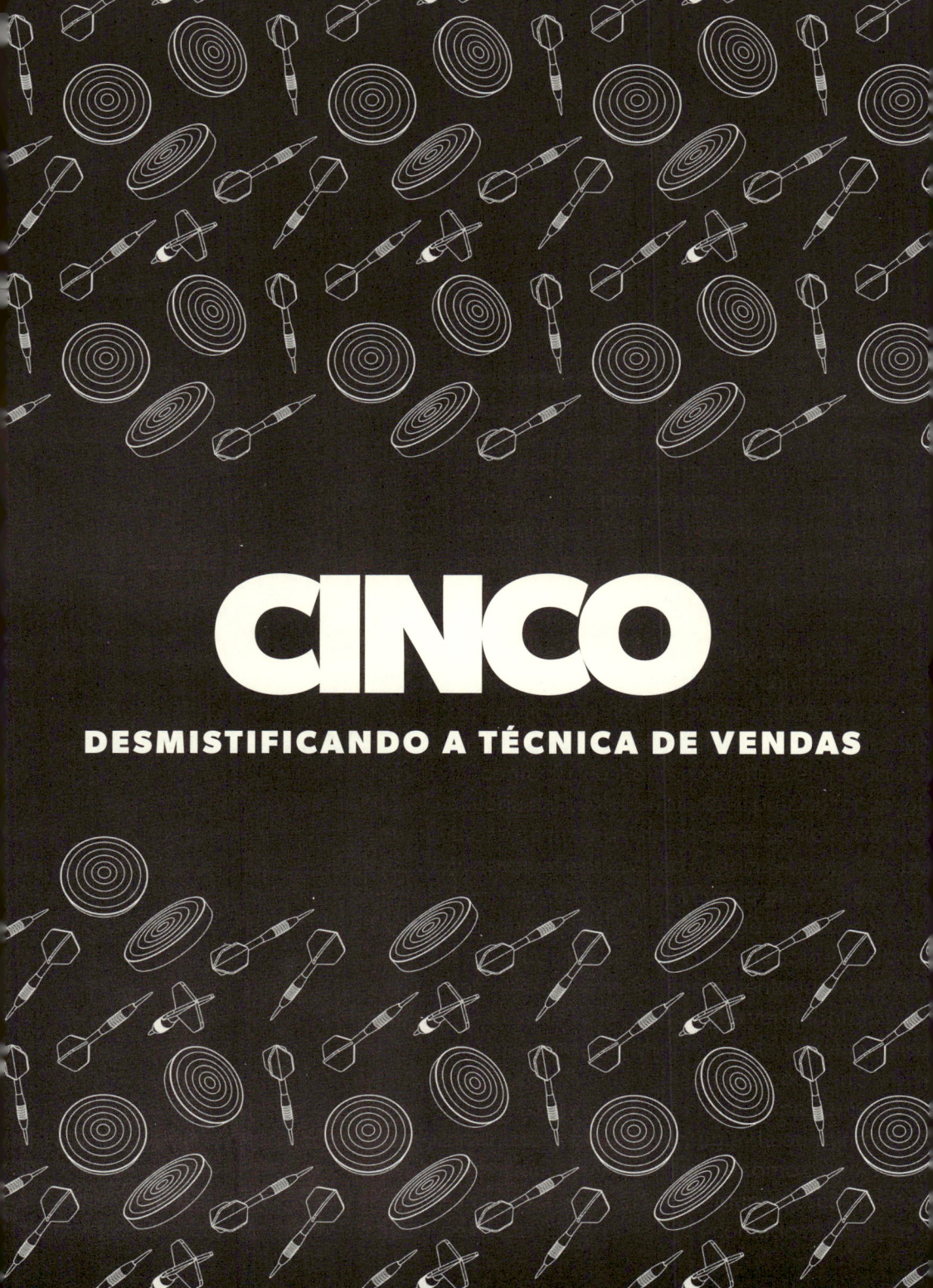

DESMISTIFICANDO A TÉCNICA DE VENDAS

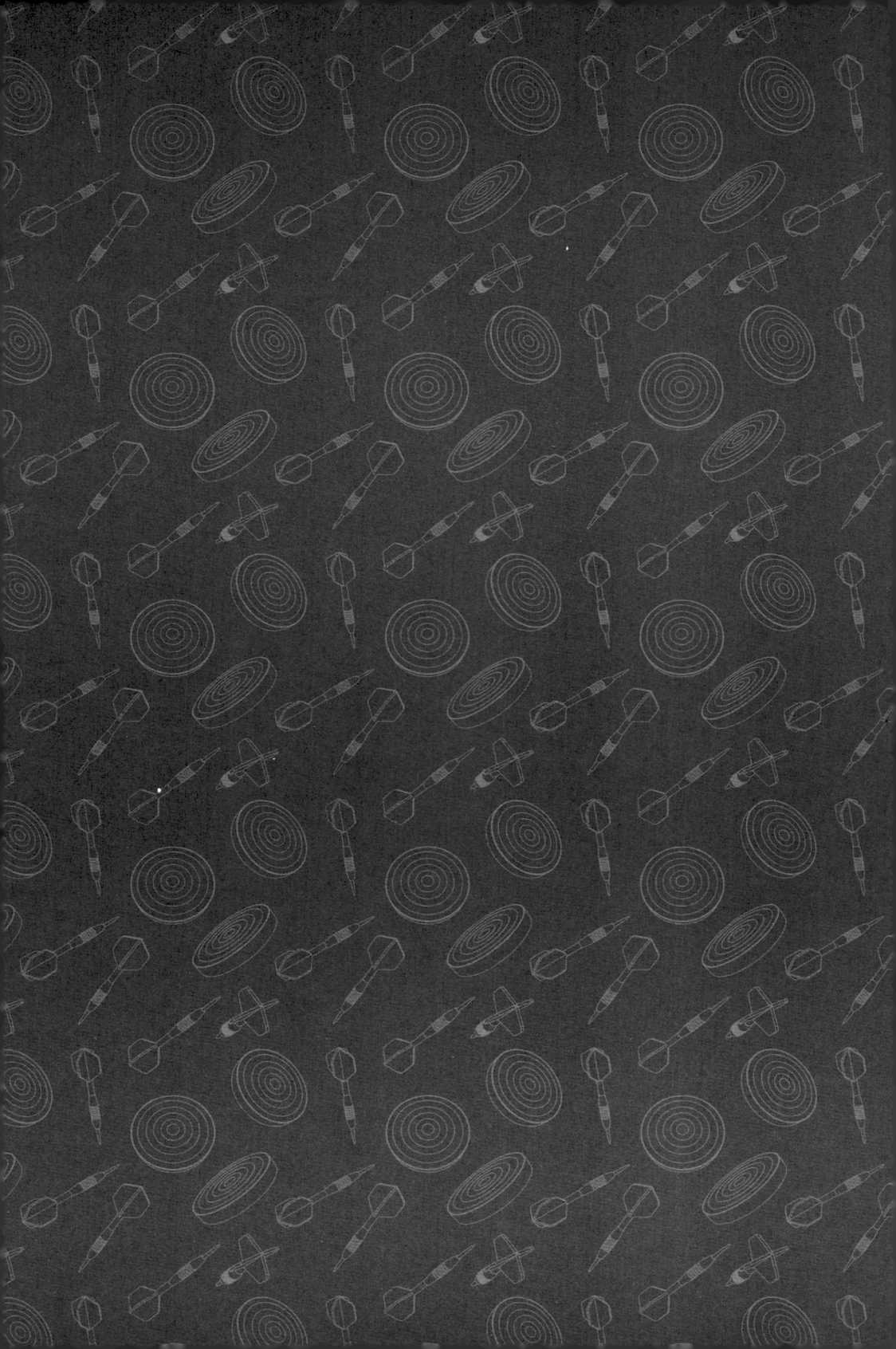

DESMISTIFICANDO A TÉCNICA DE VENDAS

Eu estava conduzindo um workshop em 2015 cujo tema era, mais uma vez, as tais "técnicas de vendas". Abri empolgada, fiz o acordo de convivência com a equipe e a deixei à vontade para que o dia fosse prazeroso.

Assim que mostrei a agenda do dia e expliquei que aquele seria um treinamento de técnicas de vendas, um dos participantes revirou os olhos e disse: *mais um?*

Pedi para que ele se estendesse sobre sua "queixa" e ouvi o seguinte relato:

> **"Toda hora a gente tem treinamento de técnicas de vendas. Toda hora falam para a gente seguir os passos da venda. A gente está careca de saber disso".**

Como fui pega de surpresa, expliquei que a repetição fazia parte do aprendizado e que o tema estava sendo mais uma vez trabalhado porque os gestores da empresa achavam que era disso que a equipe precisava.

O participante acatou minha explicação, assim como o resto da turma, e seguimos bem o dia, com direito a simulações de vendas e grito de guerra ao final. Mas eu estava realmente MUITO incomodada, afinal de contas, o rapaz tinha razão. Por que tantos treinamentos sobre técnicas de vendas são ministrados, muitas vezes para as mesmas pessoas? Caprichamos nas metodologias e, mesmo assim, as pessoas não usam?

Comecei a conversar com mais gente sobre a questão (profissionais de treinamento e desenvolvimento, diretores comerciais, vendedores e participantes dos treinamentos que eu ministrava) e, por meio dessa pesquisa informal, cheguei a três hipóteses, ampliei minha compreensão sobre elas e gerei alguns aprendizados que considerarei no tópico seguinte.

1. O treinamento não leva em conta os desafios que tenho no dia a dia para realizar uma venda

- **O que o vendedor está dizendo:** o produto tem baixa qualidade, o sistema trava, muitos clientes estão insatisfeitos com nosso atendimento, nossa marca é desconhecida, o preço é muito superior

ao do concorrente, a logística não entrega, o faturamento sempre dá problema, nossa reputação no "Reclame aqui" é péssima, não tenho autonomia para negociar etc.
- **O que aprendi: todo e qualquer direcionamento para o time de vendas precisa considerar sua realidade**. Se desprezamos essas questões, transferimos toda a responsabilidade pelo resultado para o vendedor e sabemos que, na maioria das empresas, alguns (ou muitos) desses problemas existem. O ponto é oferecer algo que considere como vender, apesar de todos os desafios do contexto, até porque se a empresa tivesse o melhor produto, com o melhor preço, a melhor condição e a melhor entrega/localização, talvez o vendedor fosse dispensável.

2. O treinamento não resolve os problemas que considero reais
- **O que o vendedor está dizendo:** ninguém nunca me disse como devo fazer, não temos um portfólio com comparativos de produtos, recebemos poucos *leads*, o fluxo da loja é baixo, meu salário está atrasado, não recebo remuneração variável, minha remuneração variável é incompreensível, o direcionamento é confuso, não tenho suporte de *back office* etc.
- **O que aprendi: nem todo problema de vendas pode ser endereçado ao time de vendas**, nem todo problema pode ser solucionado por meio da atitude diferenciada do time de vendas, nem todo problema é gerado pelo time de vendas. É importante que essas questões estejam claras para quem contrata um treinamento de vendas, afinal, como costumo brincar com meus clientes, "eu sou baiana, mas não sou Mãe Carol de Oxum. Dependendo das condições, é impossível trazer a pessoa amada de volta melhor do que ela era antes".

3. A técnica de vendas sugerida não se conecta à minha realidade
- **O que o vendedor está dizendo:** será que quem criou essa técnica já viu alguém aplicando-a na nossa empresa? Essa técnica já foi testada aqui e trouxe resultados? Quantos nãos ou clientes mal-humorados essa pessoa que inventou essa técnica já encarou? Certa vez, ouvi de um gerente de treinamento que eles foram "à rua" para testar a técnica de vendas que ensinavam havia anos para os vendedores e voltaram atordoados com o fato de ser quase impossível pô-la em prática.

- **O que aprendi:** a maneira como uma técnica de vendas é criada é crucial para o seu sucesso, e envolver o time na sua construção e validação é fundamental nesse processo. A melhor maneira de criar um modelo a ser seguido é seguir o modelo, ou seja, entender como os vendedores de alta performance, dentro das mesmas condições, conseguem resultados superiores. Extrair deles esse jeito de fazer e difundir melhores práticas costuma ser bem mais efetivo. Explicar esse processo antes de apresentar o passo a passo também costuma minimizar objeções.

Como alguém que constrói técnicas de vendas e treina equipes de vendas, tenho tratado essas hipóteses como premissas. Um dos maiores benefícios disso é perceber que elas minimizam os riscos de o direcionamento ser boicotado pelo time. Ou seja, essas premissas tornam o time de vendas um aliado, pois demonstram o quanto somos empáticos e consideramos sua realidade para, a partir daí, exigir deles uma mudança de postura. Trata-se de uma mudança possível dentro do contexto que eles vivenciam.

É importante que os benefícios de um "jeito de fazer", "nosso DNA" e de qualquer processo, modelo ou técnica de vendas fiquem claros para o time de vendas. São eles:
- Desenvolver habilidades necessárias para a venda de produtos e/ou serviços da empresa, considerando os desafios do mercado no qual ela está inserida;
- Proporcionar a melhor experiência de compra para o cliente;
- Aumentar a produtividade do vendedor.

É IMPORTANTE QUE OS BENEFÍCIOS DA TÉCNICA DE VENDAS FIQUEM CLAROS PARA O TIME DE VENDAS

Ou seja, o uso da técnica de vendas precisa ser ganha-ganha-ganha.

#BORABATERMETA

PARA QUE SERVE UMA TÉCNICA DE VENDAS?

Por mais clichê que pareça o tema, quando bem aplicada, uma técnica de vendas é algo muito poderoso. Para algumas pessoas, pode parecer que o uso de uma técnica engessa, robotiza, limita e faz o vendedor despender um tempo do qual ele não dispõe. Mas isso não é verdade!

A técnica liberta. A partir do momento em que o vendedor tem completo domínio da técnica, ele fica mais à vontade para agir dentro dos limites do que é valor para a empresa e para o cliente.

Cada empresa deve ter seu jeito de vender, o qual precisa ser inspirado nas melhores práticas da equipe. A maioria dos vendedores de alta performance consegue perceber que vender é um processo. Por vezes, vejo vendedores exaustos e muito bem-intencionados. Apesar de todo esforço, eles não conseguem atingir patamares de resultados, ao menos proporcionais ao seu alto nível de dedicação. O que muito deles não sabem é que **trabalhar muito é diferente de trabalhar certo**.

Utilizar um processo comprovado traz resultados com menos esforço. Uma técnica estruturada poderá colaborar permitindo que o vendedor tenha mais tempo para se dedicar ao que realmente importa: seus clientes.

Por outro lado, algumas pessoas afirmam que é possível vender sem fazer uso da técnica. É claro que sim!

Quando uma venda é realizada sem o uso da técnica, ela:
1. É muito mais uma compra do cliente do que efetivamente uma venda;
2. Provavelmente não será a melhor venda possível naquele contexto.

O USO DA TÉCNICA TORNA A VENDA MAIS EFICIENTE, O VENDEDOR MAIS PRODUTIVO E GARANTE O SUCESSO DO CLIENTE.

BORA BATER META

É claro que existem MUITAS diferenças entre uma venda B2B e B2C, entre uma venda de alto valor e uma venda de baixo valor, entre uma venda simples e uma venda complexa, entre vender um produto, um serviço e uma ideia. Meu convite é que analisemos a técnica de vendas pela perspectiva da sua essência, ou seja, daquilo que é indispensável e que, se bem utilizado, atua como um fator crítico de sucesso na ampliação das vendas e na evolução da relação com os clientes.

Para estarmos alinhados, o que vou apresentar despreza o conceito transacional da venda e se aproxima mais de uma venda empreendedora (você pode rever esses conceitos na página 33). Já que a venda consultiva tende a se tornar o mínimo aceitável, vamos logo avaliar o próximo passo, que, tenha certeza, depende mais de você do que do seu cliente, do seu mercado ou de qualquer outro fator que você já esteja considerando como um empecilho à sua implementação.

Outro ponto muito importante nesse processo é lembrar que somos todos clientes, por isso, algo que costuma ajudar quando se pensa numa técnica de vendas é considerar que **a sua experiência como cliente deve nortear a experiência que você oferece ao seu cliente**. A experiência tem muito mais a ver com o que outro percebe do que com aquilo que você oferece. Nesse sentido, vale ressaltar que aquela máxima de "trate os outros como você gostaria de ser tratado" não cabe. O importante é tratar o outro como ELE gostaria de ser tratado. Uma técnica ajuda a identificar esse COMO e a maximizar sua performance, tornando-a sob medida para cada cliente.

De uma maneira bem geral, toda venda possui os tais sete passos. Como, para mim, a venda é um processo, eu prefiro me referir a esses passos como etapas. Cada empresa chama suas etapas de um nome diferente. Umas agrupam, outras detalham, mas note que "os sete passos" sempre estão presentes (ou, pelo menos, deveriam estar) e que a ordem na qual eles acontecem também é a mesma.

#BORABATERMETA

Para facilitar nosso entendimento, vou usar as etapas clássicas, mas farei questão de acrescentar ".ação" em cada uma delas para reforçar que **conhecimento sem ação é um desperdício**. Vamos a elas:

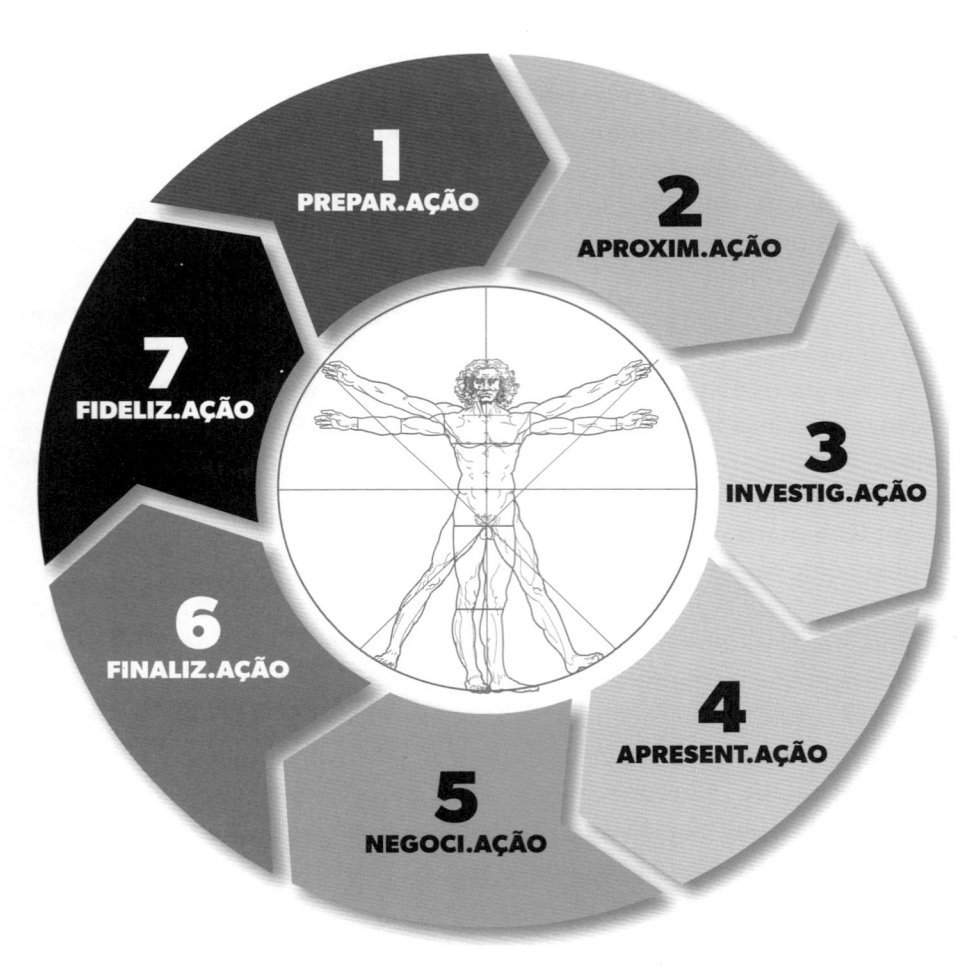

1. PREPAR.AÇÃO
2. APROXIM.AÇÃO
3. INVESTIG.AÇÃO
4. APRESENT.AÇÃO
5. NEGOCI.AÇÃO
6. FINALIZ.AÇÃO
7. FIDELIZ.AÇÃO

No próximo capítulo, iremos mergulhar em cada uma das etapas, mas, antes disso, o convido a fazer um mergulho na sua realidade de vendas.

SUA REALIDADE DE VENDAS

Cada venda é única. Afinal: *"Tu não podes tomar banho duas vezes no mesmo rio, pois aquelas águas já terão passado e também tu já não serás mais o mesmo"*, dizia Heráclito de Éfeso, um dos primeiros filósofos da humanidade há mais de 2.500 anos.

Cada interação com cada cliente será sempre única. No entanto, é importante considerar algumas premissas que lhe permitam enxergar o seu contexto de forma mais ampla.

Criei este Canvas (página 79) com o objetivo de lhe permitir pensar de forma mais ampla na sua realidade de vendas.

Minha sugestão é que você o preencha antes de mergulharmos em cada uma das etapas da venda. Bora lá?

INSTRUÇÕES
Primeiro passo
Comece preenchendo o círculo.
Aqui você fará uma análise sobre sua competência de vendas (esqueça por uns minutos O QUE você vende e PARA QUEM você vende hoje).

- **Você vendedor:** insira seu nome conforme a maneira como gosta de ser reconhecido.
- **Missão:** qual sua missão como vendedor? Que impacto você gera na sua vida, na vida de outras pessoas ou no mundo?
- **Inspiração:** quais suas fontes de inspiração? Quem ou que o inspira a ser cada vez melhor?
- **Pontos que o ajudam:** avaliando a competência de vendas, quais são suas forças.
- **Pontos que o atrapalham:** avaliando a competência de vendas, quais são suas fraquezas que você considera que valem a pena ser desenvolvidas.

Segundo passo
Vá para a extrema direita da página
- **Qual o seu produto ou serviço?:** como esse é um Canvas temporal, é importante registrar qual produto ou serviço você vende atualmente. O QR Code na página 79 lhe permite imprimir o Canvas

para usar sempre que desejar. Se você não atua na área de vendas, pode descrever aqui seu objetivo, por exemplo: vender a minha capacidade de ser promovido na empresa, vender que sou um bom marido para minha esposa etc. Você pode fazer vários deles.
- **Sobre o que você vende:**
  - **Diferenciais**: vantagens em relação à concorrência ou aplicações.
  - **Desafios:** problemas ou características pouco valorizadas em relação à concorrência ou expectativas de aplicações.

Terceiro passo
Vá para a extrema esquerda da página
- **Quem é o cliente?:** quem são as pessoas para quem você vende: consumidores finais, *shoppers*, representantes de empresas, empresários (de que porte?). Tente especificar os personagens que fazem parte das suas relações comerciais. Se você não atua na área de vendas, você pode citar aqui para quem você quer vender suas ideias (*stakeholders* do processo): chefe, marido/esposa, filhos, amigos etc.
- **Premissas**:
- **Valores**: o que essas pessoas valorizam de uma forma geral. Pense o que seria o nível máximo de suas aspirações, desejos e necessidades.
- **Pavores**: o que essas pessoas temem, detestam, abominam de formal geral. Pense quais seriam os temas proibidos.

Quarto passo:
- **Qual o sentido do que você vende para quem você vende?:** aqui você irá relacionar seu propósito, inspirações com o "o quê" e o "para quem". Por que essas pessoas comprariam seu produto, serviço ou ideia? Que tipo de benefícios elas poderão obter por meio das aplicações do que você vende? Por que é importante para elas?
- **Como oferecer o que você vende para quem você vende?:** aqui você irá relacionar o "o quê", "para quem", com as suas competências. Descreva algumas estratégias de abordagem considerando canais por meio dos quais pode acessar essas pessoas (presencialmente, por e-mail, WhatsApp, telefone), sua estratégia de aproximação que demonstre relevância logo no primeiro contato ou até questões que devem ser consideradas em todo processo de vendas.

O QUE VOCÊ VENDE

Qual o seu produto ou serviço?

Sobre o que você vende

Diferenciais

Desafios

Qual o sentido de vender **O QUE** você vende **PARA QUEM** você vende?

Como oferecer o que você vende **PARA QUEM** você vende?

- Inspiração
- Pontos que o atrapalham
- VOCÊ
- VENDEDOR
- Missão
- Pontos que o ajudam

PARA QUEM VOCÊ VENDE

Quem é o cliente?

Premissas

Valores

Pavores

Faça o download do Canvas
amostras.dvseditora.com.br/borabatermeta/canvas.pdf

#BORABATERMETA

CONCLUSÕES

Quais os principais *insights* que você consegue extrair após preencher o seu Canvas? Há algo que o surpreendeu? Algo se confirmou?

Aproveite este momento para definir algumas ações em relação ao seu contexto atual.

Que ações eu realizo hoje que devo intensificar ou fazer com mais frequência?

_____
_____
_____
_____

Que ações eu realizo hoje que devo parar de fazer?

_____
_____
_____
_____

Que ações que não faço, mas que devo fazer a partir de hoje?

_____
_____
_____
_____

PARA BATER META

- Muitos treinamentos sobre técnicas de vendas não funcionam porque:
    - O treinamento não considera os desafios do vendedor para realizar uma venda;
    - O treinamento não resolve os problemas que o vendedor considera reais;
    - A técnica de vendas sugerida não se conecta à realidade de quem vende.
- Para tornar um treinamento funcional, é preciso considerar:
    - A realidade do time de vendas;
    - Que nem todo problema de vendas pode ser endereçado ao time de vendas;
    - A criação de uma técnica lastreada em melhores práticas do time.
- A partir do momento em que o vendedor tem completo domínio da técnica, ele fica mais à vontade para agir dentro dos limites do que é valor para empresa e para o cliente.
- O uso da técnica torna a venda mais eficiente, o vendedor mais produtivo e garante o sucesso do cliente.
- A sua experiência como cliente deve nortear a experiência que você oferece ao seu cliente.
- Toda venda possui sete etapas que seguem uma mesma ordem. Cada empresa diferencia a maneira de agrupar e nomear as etapas.
- Cada interação com cada cliente será sempre única.

SEIS

**COMO FAZER A VENDA PRESENCIAL
NUM MUNDO CADA VEZ MAIS DIGITAL**

COMO FAZER A VENDA PRESENCIAL NUM MUNDO CADA VEZ MAIS DIGITAL

Sem mais delongas, vamos agora nos aprofundar em cada uma das etapas da técnica.

Para maximizar sua compreensão e potencializar sua implementação (e, consequentemente, os resultados que você vai conquistar a partir daí), decidi apresentá-las da seguinte forma:

- Objetivo
- Visão cliente
- Fator crítico de sucesso
- Importância
- Desafios da implementação
- Sua realidade de vendas

Existem muitos livros que detalham com profundidade todos os aspectos relacionados ao processo de vendas, uns mais voltados para o mercado B2B, outros para o B2C. Nas referências bibliográficas, citarei cada um dos livros que li ao longo dessa jornada e que me ajudaram a tirar as conclusões que apresento aqui. Eles, somados à minha experiência como vendedora e consultora especialista no tema e às diversas pesquisas que também compartilho lá no final deste livro, formam a base não só da minha atitude em vendas, como das minhas crenças sobre vender.

Várias delas foram sendo ressignificadas ao longo da minha trajetória e, certamente, muitas ainda serão daqui em diante.

O que percebo é que O QUE fazer está altamente explorado. Mesmo assim, ainda existe um desafio gigante em implementar muitas das técnicas científica e empiricamente comprovadas pela maioria dos vendedores.

Acredito que boa parte disso esteja relacionada à maneira como essas técnicas foram e estão sendo vendidas para os times de vendas. Muitas vezes, o ditado "casa de ferreiro, espeto de pau" se aplica nesse sentido.

#BORABATERMETA

Dessa forma, optei deliberadamente por seguir um caminho diferente: **concentrar-me no aspecto humano da venda.**
Acredito fortemente que a maneira de vender precisa ser mais compreendida do que detalhada. Por isso, vou me arriscar a focar menos no O QUE e mais no PORQUÊ.
Bora nessa?

PREPAR.AÇÃO

Fevereiro de 2008. Meu chefe não poderia comparecer a uma reunião importante. Por tê-lo acompanhado diversas vezes em clientes do mesmo segmento, eu disse: "Vou sozinha". E fui.

Na reunião estava boa parte do *board* da empresa: diretor marketing, de vendas, gerente nacional de treinamento e de recursos humanos. Cheguei confiante de que meu papel era perguntar. As questões foram sendo respondidas, e a cada resposta eu me sentia mais segura. Ao final, disse que faria uma análise da reunião para elaborar uma solução educacional eficaz para aquele time.

Fechei meu computador e, quando me preparava para levantar, o diretor de marketing me disse com toda elegância do mundo: "Carolzinha (isso quase nunca soa bem para mim), você é uma querida. Seu esforço é reconhecido por cada um de nós, mas, para o seu desenvolvimento, eu gostaria de deixar claro que você desperdiçou o tempo de quatro executivos da empresa com perguntas cujas respostas seu chefe já tinha".

Eu queria que o chão se abrisse para eu desaparecer. Foi a primeira e última vez que cheguei a uma reunião sem conhecer profundamente tudo aquilo que deveria saber sobre um cliente.

"Meça duas vezes. Corte uma vez só." Essa frase atribuída ao ator Harrison Ford, que também foi marceneiro, ilustra bem a essência da preparação não só no processo de vendas, mas na vida.

É incrível como muitas pessoas desprezam esta etapa. Algumas por excesso de confiança em si mesmas, outras por simplesmente não reconhecerem a sua importância e quanto ela pode fazer diferença.

Equipes de vendas são, normalmente, focadas em executar. Virar essa chave e incentivá-las a estarem mais preparadas sem dúvida é um desafio gigante em muitas empresas.

Objetivo

O objetivo da preparação é **gerar segurança** para quem deseja vender algo e, com isso, manter a confiança do cliente durante o processo de vendas. Segundo Richard Fagerlin[23], diferentemente do que muita gente pensa, confiança é algo que se dá. O desafio é mantê-la.

#BORABATERMETA

> **SE, COM TODAS AS POSSIBILIDADES DE COMPRAR ON-LINE, ALGUÉM DESEJA A PRESENÇA DE UM VENDEDOR NO PROCESSO DE VENDAS, É POSSÍVEL PRESUMIR QUE O CLIENTE ESTEJA DANDO AO VENDEDOR UM VOTO DE CONFIANÇA.**

Se, com todas as possibilidades de comprar on-line, alguém deseja a presença de um vendedor no processo de vendas, é possível presumir que a relação comece, pelo menos pela perspectiva do cliente, com um voto de confiança ao profissional responsável pela venda. Acontece que muitos vendedores desperdiçam essa oportunidade na largada, por meio de uma postura inadequada.

Visão cliente

Pense no seu processo de compra, seja numa relação B2B ou B2C, seja ao comprar a ideia de alguém. O que você espera?

Assinale com um X o que você acredita que poderá apoiar estrategicamente um vendedor na geração de valor para você como cliente no que se refere à preparação:

- ☐ Conhecer o que se vende, suas características, funcionalidades e aplicações, bem como a empresa por trás do que se está vendendo.
- ☐ Estar respaldado com cases ou embasamento: quem já comprou e como se beneficiou com a compra.
- ☐ Conhecer a concorrência para apresentar as vantagens daquele produto perante outras possibilidades.
- ☐ Conhecer o perfil do comprador. Talvez não em termos pessoais, mas alguns padrões de comportamento de consumo de pessoas que costumam se interessar pelo que ele vende. Se houver espaço para uma preparação mais profunda, como na venda B2B ou quando vamos vender algo para quem conhecemos, uma pesquisa em sites, redes sociais, pessoas próximas e até no Google.

- Conhecer o ambiente no qual está inserido, a localização dos produtos, o processo de entrega, as formas de pagamento ou faturamento, montagem, custos adicionais e possíveis problemas futuros.
- Conhecer seu histórico de relacionamento com aquela empresa.
- Conhecer suas ferramentas e recursos de vendas.
- Conhecer as dúvidas comuns de clientes e as respostas possíveis e verdadeiras que solucionem essas dúvidas.
- Conhecer seu estoque, sua área de desenvolvimento de soluções, seu processo de produção e implantação.

Fator crítico de sucesso

Como você pôde perceber no tópico anterior, **conhecimento** é fundamental para o profissional de vendas ou para quem quer vender alguma ideia. **O desafio de todo vendedor que deseja agregar valor ao processo de vendas e sobreviver à era digital é o de tornar-se um especialista.**

Por isso, a preparação é uma etapa preliminar ao que chamamos de *face to face* ou "olho no olho". Não é à toa que as empresas têm cobrado cada vez mais de suas equipes um momento para planejamento. Esse planejamento pode se referir à sua estratégia de gestão de carteira, de contas, definição de abordagem ou mesmo à preparação antes que "as cortinas" do show se abram.

Muitos recursos têm sido disponibilizados para isso. Eles vão de planilhas em Excel, CRMs sofisticados, a mapas de vendas ou comparativos de produto.

A principal queixa que ouço dos meus clientes no mercado B2B em relação ao processo de vendas está na **baixa capacidade de análise e planejamento das equipes**. Muitas informações são geradas, mas poucas ainda são utilizadas na definição de estratégias de execução.

Os recursos hoje são escassos e aqui se inclui também o tempo dedicado aos clientes. É importante que o vendedor elabore um planejamento alicerçado em histórico de relacionamento e potencial dos clientes. Para isso, é preciso saber como analisar as informações disponíveis e elaborar planos de ação embasados nelas.

#BORABATERMETA

> *Fiquei constrangida numa ocasião em que presenciei uma vendedora do ramo alimentício insistir sem fundamento algum para que um dos seus clientes, dono de um restaurante, comprasse uma caixa de almôndegas.*
>
> *"Leve uma caixa de um produto industrializado para me ajudar com minha meta", ela pedia. Seu conhecimento do cliente era tão baixo que nem sequer conseguiu sugerir um produto que fizesse sentido para o negócio dele. "Seus funcionários gostam de almôndegas" – apelou para o senso comum, sem saber que os funcionários daquele restaurante poderiam comer qualquer coisa do cardápio que, no caso, não tinha um prato sequer com almôndegas.*
>
> *Após muita insistência, o cliente, "sensibilizado", concordou. Ao efetuar o pedido via smartphone, a vendedora viu que no estoque da sua empresa não tinha almôndega.*
>
> *Conhecer a estratégia do cliente, seu cardápio, e verificar seu próprio estoque teria evitado o vexame.*

Além do conhecimento, na etapa da preparação é importante atentar à sua postura. Uniforme, crachá, apresentação pessoal de maneira geral são pontos importantes na relação com o cliente. Quando ministro treinamento, sempre explico que devemos ser tão cuidadosos com nossa apresentação pessoal no dia a dia como fomos na ocasião da nossa entrevista de emprego. **O cliente pode não ser a pessoa que o contrata, mas certamente ele tem o poder de demiti-lo.**

Outros quesitos que devem ser levados em conta na preparação se referem ao planejamento de rota (principalmente para evitarmos os tão frequentes atrasos) e ao *checklist* de materiais necessários para uma reunião.

> *Uma vez eu estava acompanhando um vendedor do ramo de telecomunicações no fechamento de um grande contrato com um cliente. Naquela época, muita coisa ainda precisava estar impressa (ok, ok, isso ainda acontece nos dias de hoje, mas certamente não na mesma intensidade). Era um cliente novo, numa região pouco explorada pelo executivo de grandes contas. Ele se esqueceu de imprimir a rota até o cliente (sim, a gente imprimia o trajeto no GoogleMaps para evitar perder*

#BORABATERMETA

O CLIENTE PODE NÃO SER A PESSOA QUE O CONTRATA, MAS CERTAMENTE ELE TEM O PODER DE DEMITI-LO.

CAROL MANCIOLA

> tempo usando o Guia quatro rodas) e, com isso, chegamos atrasados. Além disso, ele também se esqueceu de levar o contrato para o cliente assinar. Seria cômico se não fosse trágico.

Como diria Benjamin Franklin, "se você falha em planejar, está planejando falhar".

Importância

Durante um longo tempo, muitos eram os recursos de vendas, a competitividade era menor e as opções, bem como o acesso ao cliente, reduzidas. Isso tornava os erros cometidos numa venda menos impactantes no resultado.

Hoje, a "munição" do vendedor diminuiu, ou seja, não dá para sair atirando para qualquer lado. Se durante muito tempo vendas foram comparadas a "guerras", é preciso lembrar que as "táticas de guerra" evoluíram. Tornaram-se cada vez mais embasadas em estratégia. O desafio é vencê-las, inclusive sem um disparo. Se a comparação é valida, hoje precisamos atuar muito mais como uma "tropa de elite", ou seja, com alto nível de precisão.

O cliente tem mais opções de compra, por isso cada oportunidade de contato com o cliente deve ser aproveitada de forma intensa. O cliente precisa receber o máximo de atenção com a maior qualidade possível.

Acontece que metas continuam existindo e, mesmo em tempos difíceis, na maioria das vezes, subindo. É preciso ter um plano para alcançar a meta e ser capaz de fazer os ajustes necessários quando o plano não A não funcionar. Metas quase nunca são negociáveis, mas os planos costumam ser flexíveis. É como costumo falar: **"Mude o plano, não a meta"**.

Conhecer os indicadores de vendas é fundamental na elaboração de um plano. Indicadores são um norte sobre performance. Por meio dele é possível entender se as ações implementadas estão surtindo os efeitos esperados.

No varejo, por exemplo, há vendedores que batem a meta de faturamento, mas não de *ticket* médio. O plano, nesse caso, deve considerar ações que permitam ao vender mais itens por compra ou produtos de maior valor.

Na indústria, o faturamento tipo "serrote" acontece ou por falta de planejamento ou por estratégia de atingimento de meta na qual produtos são empurrados para o cliente, e como o giro na ponta (*sell out*) não acompanha a venda (*sell in*), passam-se alguns meses sem vender. Esse costuma ser um ciclo vicioso que tem seus dias contados. Os espaços em pontos de vendas e nos

#BORABATERMETA

MUDE O PLANO, NÃO A META.

CAROL MANCIOLA

próprios estoques estão cada vez menores, e congelar dinheiro em produto quase nunca é uma boa estratégia para os compradores. Agir para combater esse ciclo é algo fundamental e demanda planejamento.

Mapear os indicadores, reconhecer os *gaps* e elaborar estratégias de execução tornam o trabalho, inclusive, mais inteligente e prazeroso. O vendedor sempre foi tratado como o cara de execução. A ele sempre foram fornecidos *scripts*, grade promocional, portfólio etc. Hoje precisamos estimular o time a ser estrategista. A criar sua própria estratégia de execução. Isso muda tudo.

> **O VENDEDOR SEMPRE FOI TRATADO COMO O CARA DE EXECUÇÃO. HOJE PRECISAMOS ESTIMULAR O TIME A SER ESTRATEGISTA. ISSO MUDA TUDO.**

Quando envolvemos o vendedor no planejamento, explicando, inclusive, como as metas foram estabelecidas, permitimos a ele ampliar seu olhar, inclusive sobre potencial de mercado.

Por vezes, o planejamento vem pronto e frio. É a pessoa que está na ponta que precisa garantir que haja conexão, por isso é preciso aumentar seu nível de compreensão sobre a estratégia.

A preparação pode parecer para muitos vendedores perda de tempo, mas na verdade o tempo investido nela é fundamental para uma execução de qualidade.

> Em alguns treinamentos, gosto de usar este texto para impactar os vendedores sobre a visão cliente em relação à falta de preparação de um vendedor do segmento B2B:
>
> *"**Querido vendedor**,*
> *Tenho apenas alguns minutos, mas entendo que esteja interessado em descobrir o que você pode fazer para capturar a minha atenção e me convencer a marcarmos uma reunião.*
> *Quero primeiro lhe dizer com clareza: você não tem ideia de como é o meu dia. Você pensa que sabe, mas está "viajando na maionese".*

COMO FAZER A VENDA PRESENCIAL NUM MUNDO CADA VEZ MAIS DIGITAL

Até que compreenda isso, o meu conselho não faz sentido para você. Eu chego todos os dias bem cedo no escritório para ter algum tempo só para mim, sem interrupções, para tentar trabalhar nos projetos mais importantes — aqueles aos quais não posso me dedicar nos dias normais de trabalho, que são cheios de reuniões, de idas e vindas que não levam a lugar algum.

Mas, às nove horas da manhã, todas as minhas boas intenções são anuladas. O meu chefe pede para largar tudo que estou fazendo para preparar uma série de informações. O sindicato quer negociar o dissídio. Temos desligamentos para realizar, afinal, os clientes não querem comprar o que temos para vender. Preciso provar que estou dando retorno ao orçamento que recebi no final do ano... Nesse momento, tenho pelo menos 59 horas de trabalho empilhadas sobre a minha mesa precisando da minha atenção, e não tenho nenhuma ideia de como vou poder me dedicar a elas.

Já falei sobre quantos e-mails recebo por dia? Mais de cem. Todos me copiam em tudo. Isso me deixa louco. Adicione a isso pelo menos trinta ligações — algumas de consultores comerciais como você, que querem marcar uma reunião comigo. Tempo é o meu bem mais precioso e preciso protegê-lo a todo custo. E aprendi a detestar as mudanças, mesmo que eu não esteja feliz. Por quê? Porque mudanças criam mais trabalho e consomem o meu tempo.

Na sua muito bem-intencionada, mas desorientada, tentativa de me transformar em um cliente potencial, você falha lamentavelmente em capturar a minha atenção. Vou ser direto com você: não me importo com seus produtos, serviços e soluções, nem com sua empresa. Não estou interessado em sua metodologia única de trabalho, diferenciais extraordinários, ou se você tem todos os serviços em um mesmo lugar. O seu discurso egocêntrico, desenhado para me impressionar, tem o efeito exatamente contrário. No momento em que você começa a falar de si mesmo, mudo de canal, apago você da minha memória, jogo sua mensagem no lixo.

Agora, você precisa entender que não sou sempre assim. Ocasionalmente, vendedores preparados capturam a minha atenção, me fazem erguer o braço para pedir maiores informações e até me seduzem a

> *marcar reuniões com eles. O que eles fazem? Eles estão completamente focados na minha empresa e no impacto que podem trazer aos negócios. Falam a minha língua. Isso é relevante para mim!*
>
> *Estou sempre interessado em conhecer novas maneiras de ganhar tempo, ter funcionários mais felizes e produtivos, e reduzir custos da empresa. Basta você demonstrar que ajudou empresas similares, e eu o atenderei antes de qualquer outro. Costumo prestar atenção a um assunto por apenas alguns minutos. Não tenho tempo para papo furado. Se a informação for relevante, você me pegou; comece a enrolar e eu o deleto.*
>
> *Entendeu a mensagem? Espero que sim, porque estou atrasado para uma reunião.*
>
> *Um abraço,*
> **Do seu futuro cliente potencial"**

Sem a preparação, a venda pode não explorar todo potencial do cliente, ser feita de forma errada ou simplesmente não acontecer.

Desafios da implementação

Alguns dirão: planejar não é da natureza do vendedor.

Se formos levar essa frase em consideração, significa que nosso conceito de natureza está mais para uma perspectiva das ciências naturais do que das sociais. No entanto, uma série de estudos mostra que somos muito mais influenciados pela cultura do que pelos nossos genes[24].

O que quero dizer é que o fato de vendedores ainda terem muita dificuldade ou até aversão ao ato de planejar está mais ligado ao ambiente em que eles são formados do que às suas capacidades. Durante muito tempo, o bom vendedor era o que sabia comunicar. De repente, continuamos querendo exímios comunicadores, mas com altíssima capacidade de planejamento. E vou além: não valorizamos o exercício dessa tarefa, mas somente os resultados, que nem sempre são atribuídos a ela.

Enquanto isso, são os bons comunicadores que continuam subindo no palco.

Alguns motivos pelos quais vendedores não se dedicam ao planejamento estão relacionados aos seguintes aspectos:

- Falta de capacitação no uso de ferramentas;
- O ato de planejar, por vezes, é considerado perda de tempo;
- Ferramentas necessárias não são disponibilizadas;
- O tempo dedicado ao planejamento nem sempre é contabilizado na carga horária de trabalho;
- Planejamento é um processo que, de alguma forma, o cliente não vê.

Sua realidade de vendas

Aproveite que chegamos ao fim desta etapa e liste aqui algumas atividades que o ajudarão a realizar com maestria a etapa de PREPARAÇÃO, considerando sua realidade de vendas:

_____

_____

_____

_____

_____

_____

_____

_____

#BORABATERMETA

Talvez você nunca esteja 100% preparado, mas garanta informações suficientes, dentro do que é possível e necessário, para que você possa seguir para a próxima etapa mais seguro. Segurança fortalece a confiança, e fortalecer a confiança é o objetivo para uma aproximação de sucesso.

APROXIM.AÇÃO

Quando conheci meu marido, encantei-me por uma frase da música "Realejo", do Teatro Mágico[25], que diz o seguinte: **"Os opostos se distraem, os dispostos se atraem"**. Estávamos (e ainda estamos!) apaixonados e havia uma vontade gigante de ambos em fazer dar certo.

Assim como um relacionamento se constrói entre duas pessoas apaixonadas e dispostas a fazer dar certo, ele também se constrói numa relação comercial ou de influência. Vendedor e comprador precisam ter clareza de que seus objetivos são os mesmos, e não que um quer vender e o outro, comprar. Para isso, é muito importante que o vendedor se posicione ao lado do cliente, a fim de enxergar a partir de sua perspectiva.

Objetivo

A jornada de compra nas diversas relações comerciais pode ser descrita das seguintes formas:
- Pesquisa off-line e compra off-line
- Pesquisa on-line e compra on-line
- Pesquisa off-line e compra on-line
- Pesquisa on-line e compra off-line

Um estudo realizado em 2019[26] mostrou que os consumidores brasileiros estão mais propensos à prática de pesquisar on-line e comprar off-line: 47% dos entrevistados afirmaram fazer consultas na internet antes de ir ao ponto de venda. O que talvez seja um terror para a maioria dos vendedores pode ser encarado sob outra perspectiva: **se o cliente vai até uma loja, isso significa que precisa de algum tipo de ajuda.**

No mercado B2B, a situação é outra[27]. A jornada do cliente B2B, diferentemente da maioria das vendas realizadas no mercado B2C, não é linear e direta. Neste caso, tentativas de vendas on-line criam, muitas vezes, um ciclo de interações complexas entre cliente e empresa. Isso significa que um *lead* qualificado pode, a qualquer momento, simplesmente abandonar o caminho ou desistir da aquisição.

Simplificar a experiência B2B pode ser a melhor forma de conseguir entregar satisfação e, inclusive, alcançar níveis mais altos de retenção e fidelização de clientes em um mercado inundado por informações.

Em ambos os casos, o papel do vendedor ganha poder, por isso, durante a aproximação que se refere ao primeiro contato direto com o cliente, o objetivo deve ser o de **fortalecer a confiança** concedida pelo comprador no momento em que ele decide optar por uma venda presencial.

Visão cliente

Quando pensamos nesta etapa, levando em consideração boa parte da literatura de vendas, é comum uma dedicação excessiva aos aspectos de comunicação e bom humor do vendedor. O exercício agora é, mais uma vez, fazer você pensar pela perspectiva do cliente.

Assinale com um X o que você acredita que poderá apoiar estrategicamente um vendedor na geração de valor para você como cliente no que se refere à aproximação:

- ☐ Iniciar a comunicação de maneira cordial, sem excesso de intimidade, mas também sem excesso de formalidade.
- ☐ Fazer perguntas iniciais mais focadas nos seus interesses e desejos do que em relação aos produtos e serviços que possa lhe oferecer.
- ☐ Posicionar-se como alguém disposto a ajudar você a resolver um problema ou satisfazer uma necessidade.

- [ ] Procurar entender suas preferências e experiências, bem como o seu momento.
- [ ] Não o intimidar com ofertas excessivas, nem com produtos extravagantes, mas atentar-se a focar inicialmente em entender o que fará mais sentido para você.
- [ ] Checar sua disponibilidade de investimento a fim de oferecer algo aderente à sua realidade sem o constranger.
- [ ] Interagir com seus acompanhamentos dando valor à sua presença.
- [ ] Apresentar informações relevantes à solução que você procura.
- [ ] Criar um ambiente leve.
- [ ] Respeitar seu ritmo.
- [ ] Entender seu processo de compra em vez de focar somente no seu processo de venda.
- [ ] Agir com naturalidade em vez de se esconder por trás de um script ou padrão.

Fator crítico de sucesso

A APROXIMAÇÃO NÃO É O MOMENTO DA VENDA, É UM MOMENTO DA VENDA.

Alguns vendedores, ansiosos ou preocupados com "sua vez", com sua agenda ou com seu foco na meta, atropelam o processo e começam aqui a oferecer coisas ao cliente.

Acontece que, na aproximação, é hora de calibrar-se com o cliente para gerar sintonia; para isso, o fator crítico de sucesso é o **interesse genuíno**. As pessoas adoram comprar, mas quase ninguém gosta de alguém empurrando produto, oferecendo coisas sem sentido ou forçando a barra. Infelizmente, a história está cheia de casos de vendedores com esse tipo de comportamento.

> *Uma cliente que atua numa das maiores indústrias de moda do país me confessou uma vez: "Trabalho com vendedores o dia todo, mas detesto entrar numa loja e ter um vendedor dedicado a mim".*
>
> *Brinco que, às vezes, me arrisco a perder o cliente, mas não a oportunidade de ampliar sua consciência e por isso respondi no ato:*
>
> *"Você não detesta vendedores. Você detesta a postura da maioria deles. Mas o vendedor na sua essência não deve agir perseguindo o cliente ou empurrando coisas. Esse papel está deturpado. Cabe a nós, que temos um monte deles por perto, contribuirmos para virar esse jogo. Que tal?"*
>
> *Ela abriu um sorrisão de concordância e hoje é uma das minhas aliadas na missão de difundir a competência de vender neste mundo.*

No momento da aproximação, é muito importante lembrar que **não adianta estar disponível se você não estiver disposto**.

Demonstrar interesse genuíno é algo que se torna algo ainda mais poderoso se acompanhado de simpatia e empatia.

A simpatia é algo que está mais do nosso lado de fora, quando conseguimos demonstrar afinidade. Somos simpáticos quando somos cordiais, quando demonstramos satisfação em atender e entramos no ritmo do cliente.

A empatia é algo mais interno e, segundo Daniel Goleman no livro *Foco*[28], existe em três níveis:

- **Empatia cognitiva:** é a capacidade de compreender a perspectiva da outra pessoa. Esse tipo de empatia exige que se pense nos sentimentos em lugar de senti-los diretamente. Seu lado sombrio emerge quando utilizada para manipular o outro. Infelizmente ainda existem treinamentos e técnicas de vendas que ensinam vendedores a usarem esse tipo de empatia para convencer o outro de coisas que ele não precisa. Isso pode até gerar uma venda, mas certamente os efeitos negativos serão muito superiores.
- **Empatia emocional:** é a capacidade de sentir o que a outra pessoa sente. Nosso padrão cerebral liga-se ao dos outros quando os escutamos contarem uma história emocionante. Provocar o cliente a se abrir a ponto de você se conectar nesse nível com ele costuma funcionar. O risco aqui é que o envolvimento emocional pode provocar reações não desejadas, como, por exemplo, oferecimento de descontos excessivos ou promessas impossíveis de serem cumpridas etc.

#BORABATERMETA

NO MOMENTO DA APROXIMAÇÃO, É MUITO IMPORTANTE LEMBRAR QUE NÃO ADIANTA ESTAR DISPONÍVEL SE VOCÊ NÃO ESTIVER DISPOSTO.

CAROL MANCIOLA

- **Preocupação empática:** é a capacidade de sentir o que a outra pessoa precisa de você. A preocupação empática requer que controlemos nossa própria angústia sem nos tornar insensíveis à dor dos outros. Ela nos permite ponderarmos deliberadamente sobre o quanto valorizamos o bem-estar do outro e estamos genuinamente interessados em contribuir com seus desafios. Esse é o nível de empatia que costumamos esperar de um vendedor quando estamos no papel de clientes.

Importância

Sinceramente não acredito que a primeira impressão é a que fica, mas uma má primeira impressão pode fechar portas, ou seja, não lhe dar a chance de conversão.

A aproximação tem o poder de deixar clara sua intenção e lhe permitir partir para ação, que é entender profundamente o cliente, seus desejos e necessidades implícitas, o que lhe permitirá uma atuação mais ampliada e focada não somente naquilo que você pode vender, mas naquilo que o cliente precisa comprar.

Quando você acredita no que vende e consegue rapidamente compreender que seu produto, serviço ou ideia pode beneficiar o outro, você ganha o que chamamos popularmente de moral.

Uma aproximação bem-feita permite que seja gerada uma intimidade legítima, algo que facilita o processo. É muito mais natural falarmos dos nossos problemas quando estamos diante de alguém que se importa conosco, e não de alguém que está querendo apenas se aproveitar de alguma fragilidade nossa.

> *Quando casei pela segunda vez, fui alugar um vestido de noiva e, em todas as lojas que entrei, ouvia argumentos como "ah, não se preocupe com preço. Lembre-se de que só nos casamos uma vez". Oi?!*
>
> *A vendedora, que na aproximação descobriu se tratar do meu segundo casamento, que eu estava grávida e que no dia da cerimônia estaria "barrigudinha", tornou o momento tão divertido que dei a ela o direito de me mostrar os vestidos mais caros da loja. Eu podia até ter alugado o mais barato deles, mas optei por um modelo intermediário que, mais do que o preço, se conectava ao meu sonho de casar no pôr do sol na praia, graças a sua capacidade de conexão comigo. Se ela tivesse utilizado os argumentos iniciais comuns, eu não teria ido adiante.*

Desafios da implementação

"Só estou dando uma olhadinha", "Gostaria apenas de conhecer sua empresa/portfólio", "Tenho pouco tempo" ou "Estou conhecendo fornecedores" são frases que costumam desapontar vendedores ávidos pelo ir além.

Quando mal utilizadas, técnicas de *elevator pitch* (o tal discurso de elevador), também conhecidas como "*pitch* de vendas", robotizam o início de uma relação e afastam clientes.

> **SE O CLIENTE OPTOU POR UMA VENDA PRESENCIAL, TUDO QUE ELE MENOS QUER É SE RELACIONAR COM ALGUÉM QUE SE COMPORTA COMO UMA MÁQUINA.**

Faz sentido?

A pressa diante de uma loja cheia ou a pressão pelo cumprimento de um número mínimo de visitas/dia também são desafios que podem tornar esse momento precioso num desperdício de esforço. Momentos que apenas cumprem tabela, enchem o funil de vendas, mas que não permitem uma evolução junto ao cliente. As tais regras de efetividade nem sempre conversam com os objetivos de produtividade. Por isso, no processo de vendas, é preciso ficar atento à importância desse "quebra-gelo", dessa comunicação inicial e da criação de uma primeira impressão positiva.

Alguns motivos pelos quais vendedores não realizam uma aproximação efetiva estão relacionados aos seguintes aspectos:
- Falta de compreensão dos benefícios da geração de uma intimidade legítima;
- Medo de ser punido por se "gastar tempo jogando conversa fora";
- Metas de volume de cliente incompatíveis com o tempo necessário a cada um deles;
- Vieses inconscientes que geram preconceitos relacionados à renda ou aos interesses do cliente;
- Treinamentos que classificam clientes e entregam fórmulas mágicas de como agir com cada "tipo", sem a profundidade necessária para uso dessas técnicas;

#BORABATERMETA

- Cansaço físico do vendedor ao final da sua jornada diária;
- Desmotivação com trabalho ou descrença na sua capacidade de vender;
- *Scripts* e processos excessivamente padronizados.

Sua realidade de vendas

Aproveite que chegamos ao fim desta etapa e liste aqui algumas atividades que o ajudarão a realizar com maestria a etapa de APROXIMAÇÃO considerando sua realidade de vendas:

_____
_____
_____
_____
_____
_____
_____

A aproximação é a abertura do processo presencial de vendas. Estabelecer sintonia com o comprador não é algo fácil, mas totalmente possível se houver disposição por parte de quem vende. Para isso, estar genuinamente interessado vai permitir a construção de um diálogo consultivo capaz de identificar oportunidades que vão além daquelas verbalizadas pelo cliente. Identificar oportunidades é o objetivo da etapa de investigação.

#BORABATERMETA

INVESTIG.AÇÃO

Um dos meus primeiros trabalhos formais foi no Instituto Brasileiro de Geografia e Estatística (IBGE). Atuei por nove meses como agente de campo em duas pesquisas: a Pesquisa Nacional por Amostra de Domicílios (PNAD) e a Pesquisa Mensal de Emprego (PME).

Na época, a PNAD era feita manualmente e, por isso, ao entrar na casa das pessoas selecionadas, eu levava junto um grande caderno. Se algumas pessoas se recusavam a iniciar a pesquisa antes de eu mostrar o questionário, muitas outras o faziam depois de ver o tamanho dele.

Depois de uns três meses, peguei a manha. Antes de iniciar a pesquisa, eu explicava os benefícios das informações que seriam coletadas para a população em geral e como aquilo poderia afetar positivamente a vida daquela pessoa. Ao vender os benefícios antes de começar a perguntar, minha taxa de conversão passou a ser de quase 100%, ou seja, eu conseguia entrevistar todas as pessoas do meu roteiro.

Essa experiência me ajudou bastante no mundo das vendas, principalmente pelo fato de trabalhar com consultoria empresarial. Na minha área de atuação, é comum as pessoas acharem que o papel do consultor é "roubar o relógio para depois vender as horas". Ou seja, consultores mergulham em informações do cliente, investigam suas necessidades, desafios e entendem seu contexto, para, a partir delas, lhes vender possibilidades embasadas. Como consultora, sempre tive muito cuidado em oferecer soluções altamente precisas e, dessa forma, mostrar aos meus clientes o quanto foi importante a etapa de diagnóstico ou mergulho, como alguns chamam.

Mas até vender o diagnóstico, era preciso muita preparação e uma aproximação cuidadosa. É isso que se espera também de um vendedor.

A INVESTIGAÇÃO É O PONTO ALTO DA VENDA. VOCÊ PRECISA SE ESFORÇAR MUITO PARA CHEGAR NELA E ATUAR BRILHANTEMENTE PARA MOSTRAR AO CLIENTE O QUANTO VALEU A PENA.

Objetivo

Infelizmente, muitos vendedores ignoram esta etapa da venda. Alguns pela simples crença de que investigar é entender o que o cliente quer quando, na verdade, investigar é descobrir o que o cliente precisa.

Numa loja de calçados, por exemplo, o vendedor acredita ter feito uma investigação perguntando: "Qual cor você prefere?" ou "Que número você calça?".

Na venda B2B, muito vendedores acreditam estar investigando por meio de perguntas como: "Quanto sua empresa fatura atualmente?" ou "Quem são seus concorrentes?".

O que quero dizer é que, muitas vezes, isso se dá não por falta de vontade, mas porque alguns vendedores simplesmente não compreenderem o real objetivo da investigação, que é **identificar oportunidades.** Isso significa ir além das intenções que o cliente manifesta.

Na minha opinião, a venda só acontece a partir daqui. Antes de uma investigação bem-feita, o que pode acontecer é o cliente comprar. O vendedor precisa compreender que o esforço de venda é bem menor quando as potencialidades de compra são esclarecidas.

Se identifico que você usa o seu fogão como ferramenta de trabalho, faz mais sentido oferecer uma garantia estendida.
Se identifico que meu produto é responsável por boa parte do faturamento do cliente, faz mais sentido ampliar o volume vendido juntamente com uma ação de sell out.
Se identifico que a pessoa está tendo dificuldades para ser promovida na empresa, faz mais sentido oferecer meu serviço de coaching.

Identificar uma oportunidade não é garantia de conversão de venda, mas aumenta suas chances. Na venda digital, a investigação é a qualificação do lead. Se de forma automatizada é possível fazer isso, de forma humanizada o mergulho pode ser ainda mais fundo.

Visão cliente

Como cliente, imagino que ninguém queira ser sabatinado por um vendedor. Mas vamos supor que um vendedor tenha demonstrado estar altamente preparado logo no processo de aproximação e você percebeu nele um interesse genuíno em ajudá-lo.

#BORABATERMETA

Assinale com um X o que você acredita que poderá apoiar estrategicamente um vendedor na geração de valor para você como cliente no que se refere à investigação:

☐ Fazer perguntas para reconhecer sua experiência com o produto/serviço.

☐ Fazer perguntas para compreender sua expectativa em relação ao produto/serviço.

☐ Fazer perguntas para entender como o produto/serviço vai satisfazer suas necessidades.

☐ Fazer perguntas para ampliar possibilidades de uso/aplicações do produto/serviço.

☐ Fazer perguntas para diagnosticar se a compra resolverá seus problemas reais.

☐ Fazer perguntas para certificar-se do que impede você de adquirir algo que acredita ser importante.

☐ Fazer perguntas para testar possibilidades de soluções.

☐ Fazer perguntas para ajudar você a ter certeza sobre a compra.

☐ Ouvir suas respostas e promover conexões entre elas.

☐ Ouvir suas respostas e utilizá-las para embasar suas próximas perguntas.

☐ Ouvir suas respostas prestando atenção à sua fisiologia para entender o quanto você está conseguindo "se abrir" com ele.

☐ Manter a coerência do diálogo dando espaço para você pensar sobre cada questão levantada.

☐ Manter o respeito do diálogo, recuando, quando for sinalizado verbalmente ou por meio de suas expressões, de que ele está ultrapassando seus limites.

Fator crítico de sucesso

Para identificar oportunidades, sem sombra de dúvida, o vendedor terá que fazer algumas (ou muitas) perguntas. Mas ouvir as respostas e agir respeitando o ritmo do cliente também importa. Por isso, defini como fator crítico de sucesso para a etapa de investigação a realização do que chamo de **diálogo consultivo**.

Segundo o dicionário *Michaelis*, dialogar é:

> Conversar com outra pessoa ou com outro grupo;
> Procurar entender-se (com outras pessoas ou grupos) tendo em vista a superação de problemas comuns; comunicar-se.

Bingo! É exatamente isso que se deve fazer nesta etapa, mas potencializando o diálogo, atuando de forma consultiva, direcionando-o ao objetivo de compreender mais profundamente problemas ou sonhos dos clientes. Em resumo:

FAZER PERGUNTAS É IMPORTANTE, MAS CONSTRUIR UM DIÁLOGO CONSULTIVO POTENCIALIZA A IDENTIFICAÇÃO DE OPORTUNIDADES.

Mas como construir esse diálogo consultivo?

A técnica que recomendo para isso é a do SPIN Selling[29]. Ela propõe um diagnóstico completo que vai desde a situação atual do cliente a testes para avaliar soluções. Aqui está um resumo de como utilizar a técnica:

S **SITUAÇÃO**	Perguntas que têm como objetivo descobrir fatos. Por meio delas, analisam-se o caso, o ambiente, o status psicológico e financeiro do cliente, bem como suas condições, de um modo geral. Quanto mais informações colhidas nesta fase, melhor será para as demais etapas. É importante ter cuidado para não fazer perguntas cujas respostas já estão disponíveis e poderiam ser identificadas por meio de uma melhor preparação. As perguntas de situação têm baixo impacto na venda, mas precisam ser realizadas a cada encontro para gerar mais informações ou manter o vendedor atualizado.
P **PROBLEMA**	Tem como objetivo identificar um problema, uma "dor" ou um sonho do cliente. Aqui começa o processo de investigação. É quase impossível fazer uma venda se não houver algo a ser resolvido ou um desejo muito grande do cliente.

I **IMPLICAÇÃO**	São perguntas de certificação sobre o "tamanho" do problema. O objetivo delas é ampliar a consciência do cliente sobre o impacto que o problema (enquanto não resolvido) tem na sua vida.
N **NECESSIDADE DE SOLUÇÃO**	Aqui, em forma de perguntas, o vendedor pode testar algumas opções de soluções, condicionando a solução do problema à compra.

O mais interessante da técnica SPIN é a lógica de construção da venda. Apresento dois exemplos bem simples para ilustrar como ela pode ser utilizada:

B2C

OBJETIVO DO CLIENTE: *COMPRAR UMA GELADEIRA NOVA*
OBJETIVO DO VENDEDOR: *VENDER O CARNÊ OU O CARTÃO DA LOJA*

S	V — Qual o motivo da compra? A sua quebrou? C — Não. Preciso de um congelador com mais espaço.
P	V — Um congelador pequeno trazia que tipo de problema? C — Faço comida congelada. Preciso de espaço para ter estoque.
I	V — Se ter estoque ajuda você a ganhar dinheiro, um freezer seria perfeito, certo? C — Certamente. Mas um freezer custa caro.
N	V — Se o ganho que você vai ter por conta do aumento das vendas lhe permitisse pagar a prestação de um freezer, você consideraria essa opção? C — Teriam que ser muitas parcelas.

B2B
OBJETIVO DO CLIENTE: *REPOR ESTOQUE*
OBJETIVO DO VENDEDOR: *AMPLIAR O MIX NO CLIENTE*

S	V — Como está o giro dos nossos produtos? C — Sempre dá para melhorar, né?
P	V — O que você acha que mais interfere hoje no baixo giro? C — Os clientes vêm menos ao PDV e os tickets estão baixos.
I	V — O fato de os clientes comprarem frequentemente as mesmas coisas em menos quantidade piora tudo, certo? C — E como! A gente tem sempre que inventar alguma coisa.
N	V — Você acha que lançamentos e produtos diferentes ajudariam a melhorar o ticket médio? C — Talvez essa seja uma boa opção.

Claro que aqui eu facilitei a vida do vendedor, pois normalmente não é com uma pergunta de cada tipo que conseguimos já testar soluções. Mas é importante reforçar que, enquanto estamos perguntando, nosso foco está no cliente, ao passo que quando começamos a oferecer, estamos falando de nós.

Observe que questões relacionadas ao fato de as perguntas serem abertas ou fechadas têm pouca relevância aqui. O ponto não é se a pergunta é do tipo aberta ou fechada, o ponto é ajudar a identificar oportunidades respeitosamente. O vendedor deve ter consciência do impacto de cada pergunta e definir uma estratégia para evoluir no diálogo.

No caso do segmento B2C, a venda quase sempre é imediata. Um cliente que sai dizendo que volta mais tarde tem grandes chances de comprar num lugar onde foi mais bem compreendido. Por isso, é importante o vendedor se esforçar para atender ao que o cliente quer e entender o que ele precisa. Isso maximiza a taxa de conversão, amplia o *ticket* médio e a satisfação do cliente.

Na venda B2B, o ciclo de vendas costuma ser mais longo, por isso cada oportunidade de contato com o cliente precisa gerar um avanço. Ou seja, aproximar o cliente do objetivo de venda do vendedor. O vendedor precisa encontrar essa conexão para construir a venda. Na venda B2B, visitas que não geram avanços são perda de tempo.

Importância

Uma venda realizada sem investigação foi no máximo uma compra. Ou seja, o interesse de cliente em comprar foi maior que o do vendedor em vender.

Para exercer seu papel, é preciso que haja um esforço do vendedor para compreender o cliente da forma mais ampla. Isso significa fazer perguntas que vão além daquelas que o ajudam a selecionar o que pegar no estoque ou o que escrever no pedido.

O vendedor tirador de pedidos está com os dias contados. Ele será substituído por totens, robôs e plataformas digitais.

A investigação é a oportunidade de o vendedor começar a agregar valor ao processo de compra, transformando-o num verdadeiro processo de venda.

No livro *A venda desafiadora*[20], os autores apresentam um conceito que reforça a importância desta etapa. Após uma pesquisa com 6 mil vendedores, eles concluíram que o vendedor que conquista a alta performance é aquele que fecha vendas educando o cliente, e não o persuadindo. Uma das maneiras mais eficazes de educar alguém é fazendo a pessoa pensar. Para isso, é preciso fazer perguntas que questionem sua posição atual.

> *Como cliente, diversas vezes comprei algo diferente do que pretendia por conta das perguntas do vendedor. Lembro-me de uma vez que estava determinada a adquirir um carro menor e usado, mas convenci meu marido a dar uma passadinha na concessionária só para fazer um test drive num modelo novo.*
>
> *Enquanto eu olhava os modelos que planejara comprar, o vendedor foi fazendo algumas perguntas. "Qual seu carro atual?", "O que fez você decidir por um carro menor e usado?", "O que pode ser frustrante para você que gosta de cheirinho de carro novo e ama modelos sedãs?" (ele já tinha identificado isso no diálogo consultivo), "O que a impede de comprar o carro dos seus sonhos?"*
>
> *A cada pergunta, o vendedor fazia com que eu reavaliasse minha opção. Um vendedor comum teria ficado satisfeito com a venda fácil, afinal, ele tinha o modelo que eu queria nas condições que eu havia determinado. No entanto, seu esforço foi além, tendo sido determinante para mim quando ele me fez pensar que eu poderia passar dois anos com um carro que, naquele momento, satisfaria minhas condições, mas que frustraria meu estilo de vida.*

#BORABATERMETA

O VENDEDOR TIRADOR DE PEDIDOS ESTÁ COM OS DIAS CONTADOS. ELE SERÁ SUBSTITUÍDO POR TOTENS, ROBÔS E PLATAFORMAS DIGITAIS.

CAROL MANCIOLA

#BORABATERMETA

> *Depois de quase duas horas na concessionária, descobri, entre outras coisas, que o modelo sedã usado sairia pelo mesmo preço de um hatch. Feliz com a possibilidade de ter um dos meus desejos atendidos, perguntei para o vendedor: "Moço, já deu para você me conhecer bem. No meu lugar, você compraria qual deles: o sedã ou o hatch?".*
>
> *Eis que ele me surpreendeu: "Acho que consegui, sim, entender um pouco mais sobre você, Carol. No seu trabalho, valoriza-se status, você preza por conforto e tem pouco tempo para gastar com manutenção. Gosta de se maquiar no carro e, por isso, um espelho com luz no quebra-sol seria importante. Você também usa o carro para acumular suas "tralhas" (falou rindo e olhando para meu marido, que tinha traduzido assim a bagunça que faço no porta-malas), por isso uma mala espaçosa e iluminada também facilitaria sua vida. Entendi também sua preocupação com o valor do carro. Você prefere pagar à vista para, inclusive, se livrar de outra prestação como a que possui hoje. Ou seja, minha sugestão é que você mantenha uma pequena prestação (menor do que a que você paga hoje), pague a diferença à vista (que é o que você pagaria por um usado) e, no seu caso, eu compraria um SEDÃ DE UMA CATEGORIA MAIS ELEVADA E ZERO QUILÔMETRO.*
>
> *Foi o que fiz. Não foi uma compra por impulso, os argumentos se conectaram totalmente à minha realidade e fui feliz por mais dois anos.*

Quando o vendedor tem objetivos claros de vendas, ele precisa investigar todas as possibilidades de como executá-las para cada cliente que cruza seu caminho. Isso não é bom somente para o vendedor. Se feita de maneira adequada, a investigação possibilitará que a venda seja uma compra melhor feita pelo cliente.

Desafios da implementação

Em alguns treinamentos de técnicas de vendas ou na descrição de alguns processos de vendas, a etapa da investigação é apresentada quase sempre como uma sabatina. Os *scripts* de vendas costumam ter uma lista de perguntas que precisam ser realizadas e que mais assustam do que geram valor para o cliente.

Por vezes, vendedores novatos começam animadamente a aplicá-las, mas, na primeira cara feia do cliente, passam a se comportar focando apenas nas perguntas de situação.

A falta de habilidade para construir um diálogo, aliada à baixa capacidade de utilizar as respostas para evoluir na construção da venda, mina os vendedores, que, pressionados por resultados de curto prazo, focam mais na quantidade do que na qualidade.

Alguns motivos pelos quais vendedores não realizam uma investigação efetiva estão relacionados aos seguintes aspectos:

- Crença de que o cliente não gosta de ser questionado;
- Foco em vender mais em vez de vender bem;
- Experiência ruim fazendo sabatina com o cliente;
- Realização de perguntas invasivas ou com muitos "por ques" no início do diálogo;
- Baixa capacidade de conectar respostas do cliente ao objetivo de vendas;
- Pressão do gestor em relação ao tempo "gasto" com cada cliente;
- Pouca orientação sobre como seus produtos, serviços e ideias se conectam às necessidades, problemas e sonhos dos clientes;
- Autoestima baixa em relação à importância do seu papel;
- Ansiedade em apresentar o portfólio e "ir direto ao ponto" (ao seu ponto, neste caso);
- Paradigma de que o bom vendedor é aquele que convence o cliente a comprar aquilo que ele precisa vender.

Sua realidade de vendas

Aproveite que chegamos ao fim deste tópico e liste aqui algumas atividades que o ajudarão a realizar com maestria a etapa de INVESTIGAÇÃO considerando sua realidade de vendas:

_____
_____
_____
_____
_____

A investigação é uma etapa crucial da venda. É ela que vai lhe permitir coletar informações relevantes para conectar o que você tem a vender ao que resolve o problema do cliente ou realizar seu "sonho de consumo". A conexão é o fator crítico do sucesso da apresentação, que tem como objetivo agregar valor às soluções ofertadas.

APRESENT.AÇÃO

Quando eu era adolescente, um dos meus programas favoritos era "Casseta & Planeta". Um dos quadros mais divertidos, na minha opinião, era o das "Organizações Tabajara" (no Youtube, você encontra uma série de vídeos deles).

Nesse quadro, diversas perguntas eram feitas como:
- *Cansado de olhar a previsão do tempo, sair de casa com seu guarda-chuva e não chover?*
- *Cansado de ter que ficar carregando para cima e para baixo aquele guarda-chuva inútil que atrapalha sua locomoção no ônibus lotado?*
- *Cansado de perder guarda-chuvas por descer do ônibus passando calor e ele não parecer útil?*

Depois de obter vários "sins" do personagem, vinha a frase clássica: "Seus problemas acabaram!", seguida de alguma solução, neste caso, mirabolante e divertida que realmente resolvia todos os problemas listados acima.

As Organizações Tabajara usavam de forma beeeem simplista a técnica SPIN (se você pulou o tópico anterior, confira lá a explicação sobre ela) e, com isso, criavam apresentações de soluções sob medida para o problema do cliente. A proposta era realmente acabar com aqueles problemas identificados.

Como a arte imita a vida, a técnica é sofisticada e utilizada por vendedores experientes que entendem a importância de essa etapa focar mais no cliente do que no produto ou serviço, ou seja, nos benefícios ou aplicações entregues.

A APRESENTAÇÃO DEVE SER MAIS FOCADA EM PRA QUEM SE VENDE DO QUE NO QUE SE VENDE.

Benefício é algo individual. Ou seja, diferentemente de características que são sobre o produto ou vantagens que o diferenciam da concorrência, o benefício é sobre o cliente. O que é benefício para um cliente não é, necessariamente, um benefício para outro.

Objetivo

Muitas pessoas acham que a venda se limita à demonstração do produto, à apresentação do serviço e que esse é o papel do vendedor: apresentar bem. A decisão de compra, neste caso, é unilateral e a maior arma do vendedor está brilhantemente em mostrar as opções de que ele dispõe.

Sempre desconfiei de reuniões de apresentação. Refiro-me àquelas em que um PowerPoint com design futurístico apoia a fala do vendedor que tem, nos melhores casos, entre trinta minutos e uma hora para vender sua empresa para o cliente. Como os clientes estão cada vez menos dispostos a perder tempo, proliferam-se os treinamentos de *elevator pitch* (discurso de elevador), ou *pitch* de vendas, que chegam a ensinar como fazer uma apresentação vencedora em trinta segundos.

No segmento de vendas B2B, é comum ver muitos vendedores iniciarem suas reuniões usando as tais apresentações institucionais com o objetivo de prender a atenção do cliente potencial. No entanto, estudos de vendas B2B[29] em diversos mercados demonstraram que a maioria dos clientes têm pouco interesse em diferenças entre seus fornecedores potenciais, e que, a menos que eles já estejam interessados em trabalhar com você, a maioria dos detalhes sobre suas companhias é irrelevante para eles.

Se você quer se diferenciar dos seus concorrentes, fale sobre seus clientes e não sobre sua empresa. Mostre o quanto você entende do seu mercado, do seu negócio e dos desafios que empresas como a dele enfrentam.

O mesmo vale na venda B2C. O foco deve estar sempre no que é importante para o cliente.

POR MAIS QUE O PREÇO SEJA ESTABELECIDO PELA SUA EMPRESA, VALOR É O QUE O CLIENTE PERCEBE.

O objetivo da apresentação é **agregar valor** à solução que você acredita ser a mais adequada àquele cliente, e isso só poderá ser feito se você compreender o que é valor para o seu cliente.

Se na etapa de investigação você identificou a situação atual do cliente, seus problemas, desafios ou sonhos, reconheceu o impacto deles na sua vida e testou opções, a etapa da apresentação é a oportunidade que você tem de apresentar seu produto ou serviço de forma conectada ao que é importante para o seu cliente, o que é valor para ele.

Visão cliente

Muitas pessoas acreditam que a apresentação é a venda em si. Por isso, capricham em demonstrar aquilo que vendem com muito entusiasmo e, por vezes, se esquecem para quem estão vendendo.

Amplie seu olhar sobre esse momento e, como cliente, reflita: o que você espera do vendedor no momento da apresentação?

Assinale com um X o que você acredita que poderá apoiar estrategicamente um vendedor na geração de valor para você como cliente no que se refere à apresentação:

- ☐ Recapitular as suas motivações de compra sobre aquilo que ele está oferecendo.
- ☐ Falar pausadamente, esperando sua confirmação sobre cada característica do produto ou serviço que ele apresenta como benefício.
- ☐ Fazer perguntas para checar se deve ou não seguir em frente com sua abordagem.
- ☐ Permitir que você toque, experimente ou sinta como aquele produto/serviço será útil para você ou para quem vai fazer uso.
- ☐ Utilizar uma linguagem que o aproxime de você.
- ☐ Ser sincero em relação aos possíveis desafios do produto.
- ☐ Esclarecer aspectos que talvez você não tenha considerado sobre as aplicações do que irá comprar.
- ☐ Apresentar alternativas de maior e menor custo, reforçando perdas e ganhos em cada uma delas.
- ☐ Sugerir que você pense ou converse com mais alguém sobre sua decisão.

Fator crítico de sucesso

Se a confiança é cedida ao vendedor no momento em que o cliente decide fazer uma compra de forma presencial, ela é fortalecida a partir da etapa de aproximação e tem seu momento decisivo na etapa de apresentação.

Se, após conseguir o espaço para entender melhor as necessidades, problemas e até sonhos, a apresentação não conectar tudo isso, a relação tende a ir por água abaixo.

É por isso que o fator crítico de sucesso da etapa de apresentação é a **conexão**. E aqui estamos falando de conexão no sentido mais amplo da palavra.

É importante que cada item da solução apresentada pelo vendedor se conecte a uma informação fornecida pelo cliente para que ele enxergue o valor que aquela solução pode lhe oferecer. Não dá para inferir que todos os clientes serão capazes de fazer essa conexão, por isso cabe ao vendedor deixar explícitas as correlações.

Um modelo mundialmente conhecido para isso é o Canvas Proposta de Valor, apresentado no livro *Business Model Generation*[30]; apesar de ser mais utilizado na criação de novos produtos, pode ser útil à criação de uma proposta de valor para clientes atuais.

Um dos desafios apresentados pelo modelo é a dificuldade de se pôr na posição do cliente e entender o seu mundo. Mas, considerando que estamos falando de um processo e você chegou até aqui isso significa que você ultrapassou a etapa de investigação, e esse tem tudo para ser um problema superado.

De uma maneira geral, o Canvas Proposta de Valor deve ser utilizado olhando inicialmente para o cliente a fim de identificar:

- **Suas tarefas:** o que seu cliente faz no trabalho, no seu dia a dia, quais são os aspectos emocionais e sociais que ele considera. Lembre-se de que, mesmo na venda B2B, estamos falando com uma pessoa, e que é uma pessoa quem decide.
- **Suas dores:** o que aborrece seu cliente em relação às tarefas que ele realiza, custos financeiros, emoções. Classifique cada dor como severa ou leve e, se possível, avalie a frequência com que elas ocorrem. Quanto mais intensa e frequente for a dor, mais o cliente terá interesse em eliminá-la (mais valor ele dará a uma solução para ela).
- **Seus ganhos:** os benefícios que o seu cliente espera, deseja ou com os quais seria surpreendido, podendo ser utilidades funcionais, ganhos sociais, emoções positivas ou economias.

Depois você deve olhar para sua empresa e o que ela oferece:

- **Produtos e serviços**: faça uma lista com os produtos/serviços que serão entregues, identifique quais tarefas você auxilia o cliente a resolver e classifique se são funcionais, sociais, emocionais e necessidades básicas.
- **Alívio para as dores:** descreva quais dores do seu cliente você está diminuindo ou aliviando para a realização da tarefa com o fornecimento do seu serviço ou produto.

- **Geração de ganhos:** o que você oferece que cria ganhos para o seu cliente, ou como benefícios podem ser criados e se o desejo ou a expectativa serão supridos e até superados.

Canvas Proposta de Valor[30]

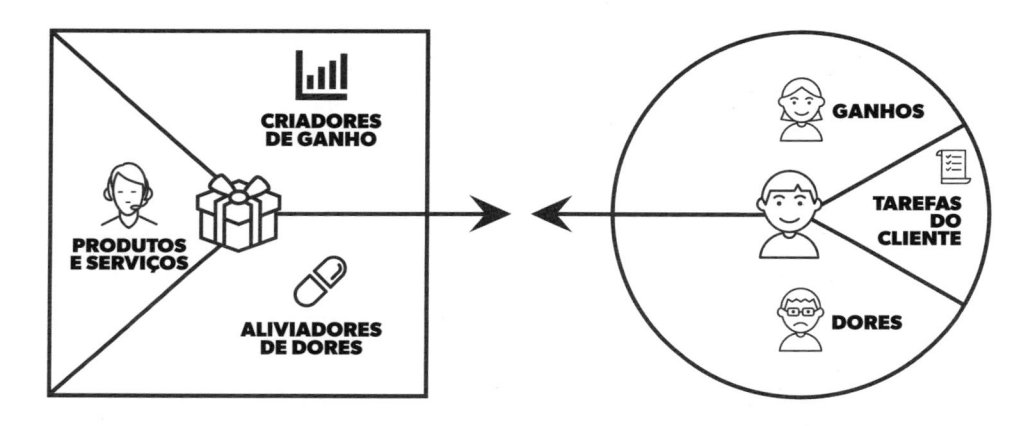

De uma maneira geral, o que você precisa é usar as informações do cliente e conectá-las àquilo que você tem a oferecer.

> Quando fui promovida à diretora executiva, recebi um *feedback* de uma das pessoas do meu time: "*Carol, você precisa comprar uma bolsa chique para impressionar nossos clientes. A maioria das diretoras de RH com as quais você vai começar a se relacionar valoriza status, por isso você vai ter que caprichar. No nosso mundo, não basta ser, tem que parecer*".
>
> Assustada com o novo cargo e ainda não segura de mim, acatei o *feedback* e saí para comprar uma bolsa chique e, consequentemente, cara.
>
> Entrei na loja chique e praticamente "mandei descer" todo o estoque. Aquele era um investimento alto e eu precisava ter certeza de que faria a escolha certa. Havia me certificado que poderia pagar em dez vezes sem juros pelo site e fui confiante de que aquilo mudaria minha vida (ou, pelo menos, a visão das minhas clientes sobre meu poder).

Após trinta minutos experimentando as bolsas, a vendedora se aproximou e perguntou se eu precisava de mais ajuda. Como ela não tinha dado nenhuma ajuda até o momento, pensei que esse deveria ser o padrão de uma loja como aquela, completamente vazia, e limitei-me a dizer: "Não, só estou demorando porque uma bolsa desse valor tem que ser escolhida com muito cuidado".

Eis que a vendedora soltou o seguinte argumento: "Fique tranquila em relação ao preço, dividimos em dez vezes sem juros!".

Fiquei ofendida e fui embora. Senti que a vendedora havia me desprezado e achado que a única maneira de me convencer era me dando a opção de parcelamento.

Como eu queria muito a bolsa, voltei à loja mais tarde, quando sabia que a vendedora do turno da manhã não estaria mais lá.

A vendedora que me atendeu fez descer novamente quase todas as bolsas do estoque e perguntou, antes mesmo de eu começar a experimentar, se eu precisava de ajuda. Para testá-la, usei a mesma resposta: "Não, só vou demorar um pouco porque uma bolsa desse valor tem que ser escolhida com muito cuidado".

"Tem toda razão", disse ela. "Além de ser um investimento alto, essa é uma bolsa para a vida toda".

Isso me conquistou.

Daí por diante, começamos a conversar. Num dado momento, fiquei mais tempo do que o normal com uma bolsa no ombro, e ela disse:

"Carol, pelo que você me falou em relação a estilo, você é uma pessoa clássica. Seu trabalho requer algo que seja bonito e impressione (usando minhas palavras). Você disse também que seria importante uma bolsa que pudesse ser usada com qualquer roupa, pois, pelo valor, você vai usar até gastar (mais uma vez repetindo minhas palavras). Um ponto que seria importante para você é que caiba o notebook, e nessa daí cabe um de 13 polegadas, que é o tamanho do seu MAC, certo? (confirmei com a cabeça). Então, vamos lá: essa bolsa é clássica, preta, confortável e espaçosa. Além de todas as características que você mencionou desejar, ela ainda é linda, combina com esse sapato que você está usando e não é das mais caras da loja. Como você disse que tinha "dedo podre" (referia-me ao fato de que sempre escolhia o produto mais caro das

> lojas e tinha que mudar de opinião para me adequar), acredito que você acabou de ganhar na loteria!"
> Rimos muito e, entre uma gargalhada e outra, perguntei: "Divide em dez vezes, né?". Rimos mais ainda.
> O parcelamento era uma questão importante para mim, mas não era a única. Esta vendedora se posicionou como uma parceira da minha meta, entendeu meus desafios e efetivamente me ajudou a encontrar uma solução.

Importância

Muitos vendedores são taxados como agressivos. Uns por fazerem de tudo para vender, inclusive atuando de forma insistente e usando argumentos não éticos. Outros pelo simples fato de se empolgarem em suas apresentações.

Eu sou do segundo grupo.

Quando recebi o *feedback* de que eu era tão agressiva a ponto de parecer que até pagaria para que o cliente comprasse de mim, minha resposta foi: **e pagaria mesmo!**

Alguns projetos me dão água na boca. Em consultoria, o processo de captura de *briefing* nos permite um mergulho, mesmo raso, na realidade do cliente. Se sinto que minha solução é perfeita para o caso dele, eu me empolgo muito.

Mas isso não significa que eu não seja consultiva. Muito pelo contrário. Sou tão consultiva que me empolgo demasiadamente em "alguns" projetos por estar "certa" de que minha solução é a "melhor" para o problema que o cliente apresentou. Minha taxa de conversão nesses casos é de 90%.

O que quero dizer é que a apresentação é sua hora de dar show, e show bom é aquele no qual a plateia vibra.

Fazer o cliente perceber o cuidado que você teve em encontrar, em meio a tantos produtos e serviços, aquilo que se adequa perfeitamente às necessidades dele faz toda diferença.

> É muito ruim sair do provador achando-se linda e a vendedora olhar para você com cara de paisagem.
> É muito ruim receber um fornecedor com uma apresentação institucional num PowerPoint cheio de efeitos e, na sequência, uma proposta por e-mail em Word.

A apresentação precisa traduzir a empresa, seu posicionamento e sua conexão com o cliente. O cliente precisa se sentir especial, importante e, se possível, surpreendido. Esse é o momento de mostrar para você mesmo que sua preparação, sua aproximação e sua investigação valeram a pena.

É preciso considerar todos os envolvidos no processo de decisão, adequando seu discurso para cada um deles. Escolha cuidadosamente não só os argumentos, mas a maneira de organizá-los e a forma como vai apresentá-los.

Alguns clientes preferem objetividade, enquanto outros preferem detalhes. Uns estão mais preocupados com a relação custo-benefício, outros valorizam mais a aplicação dos produtos. Uns querem impressionar, outros querem se sentir confortáveis. Lembre-se: benefício é individual, valor é individual. O que serve para um, nem sempre serve para outro.

> **UMA APRESENTAÇÃO CONECTADA ÀS NECESSIDADES DO CLIENTE MINIMIZA OBJEÇÕES, ENCURTA O PROCESSO DE TOMADA DE DECISÃO E AUMENTA A CONVERSÃO DE VENDAS.**

Desafios da implementação

Alguns vendedores se preocupam tanto em falar sobre seus produtos que se esquecem de dizer para que eles servem. A maioria deles é bem mais treinada em conhecimento de produto do que em relacionamento com cliente.

Um outro ponto está relacionado ao direcionamento. Muitas campanhas de incentivo são direcionadas a produtos. Observe os bancos: dia do seguro, dia da previdência social, dia do empréstimo pessoal. É comum o gerente do banco ligar para oferecer um deles, muitas vezes sem se preocupar se eles fazem ou não sentido para os clientes.

Em algumas indústrias farmacêuticas, os vendedores (nesse segmento, eles têm n nomes para o cargo) ainda são chamados de propagandistas. O fato de o mercado de medicamentos ser altamente regulado fez nascer essa profissão na qual pessoas vão até o médico para apresentar seus produtos, lançamentos, estudos científicos etc., com o objetivo de conquistar a prescrição dos mesmos sempre que houver indicação para isso. A internet ampliou não só o acesso dos médicos às informações necessárias, como também os conectou a uma rede de outros médicos que discutem produtos. Com isso, a relevância do vendedor na tomada de decisão vem diminuindo[31], mas muitos deles ainda são direcionados a focar mais nos seus produtos do que nos pacientes.

Essas questões têm influência direta na qualidade da apresentação em relação a questões como seleção de informações relevantes e forma de apresentá-las.

Se considerarmos que a apresentação também é consequência das etapas anteriores, podemos dizer, em linhas gerais, que alguns motivos pelos quais vendedores não realizam uma apresentação efetiva estão relacionados aos seguintes aspectos:

- Falta de recursos adequados;
- Pouca inteligência emocional para adaptar-se ao perfil mais aderente dos clientes;
- Excesso de padronização exigido pela empresa;
- Consciência do impacto da apresentação na tomada de decisão;
- Baixa conexão entre as informações levantadas dos clientes e a "solução" oferecida;
- Desconhecimento de como seus produtos e serviços se aplicam às necessidades dos clientes;
- Foco no "tirar o pedido";
- Falta de clareza sobre o seu papel nesse momento;
- Falta de realização adequada das etapas anteriores: preparação, aproximação e investigação.

Sua realidade de vendas

Aproveite que chegamos ao fim deste tópico e liste aqui algumas atividades que o ajudarão a realizar com maestria a etapa de APRESENTAÇÃO considerando sua realidade de vendas:

_____

_____

_____

_____

_____

A apresentação é a hora do show, pois ela lhe permite conectar seu conhecimento de produtos à sua habilidade de se relacionar com seu cliente. Ao mostrar para o cliente como o produto/serviço se conecta às suas necessidades, problemas ou sonhos, o vendedor gera valor ao que vende. Isso minimiza objeções, mas não as elimina. Dúvidas poderão surgir, e solucionar dúvidas é objetivo da negociação. Para isso, o vendedor deve usar e abusar da sua capacidade de atuar de acordo com o foco do cliente.

NEGOCI.AÇÃO

Eu estava conduzindo um workshop de *design thinking* com o objetivo de desenhar o modelo para nortear o processo de vendas a bordo de uma companhia área. O público: comissários de bordo. A partir dali, eles incluiriam em seus afazeres no ar a venda de lanches para os passageiros.

Enquanto discutíamos as etapas da venda pensando no contexto deles, eu perguntei: "Agora que apresentamos as melhores opções para o passageiro que demonstrou interesse na compra de acordo com os aspectos mencionados por ele, o que acontece? Vendemos?". Meu objetivo era explicar que, às vezes, isso era suficiente, mas que em outros momentos poderiam surgir as tais objeções.

Eis que um dos participantes se manifestou: "Nessa hora podem surgir mais dúvidas".

Incrível. Uma opinião limpa dos paradigmas que assolam vendedores fez surgir, no lugar de objeções, dúvidas.

Se o workshop estivesse sendo ministrado para um público composto por profissionais de vendas, a resposta seria "objeções", como eu havia previsto. Mas aquela era a visão de quem, durante a vida, esteve mais tempo no papel do cliente. E o que o cliente tem depois que algo lhes é oferecido de forma adequada não são objeções, são dúvidas.

Desde então, meu discurso sobre esse tema está partindo desse pressuposto: clientes têm dúvidas, não objeções.

Objetivo

Se o cliente tem dúvidas após apresentarmos a ele opções qualificadas de acordo com suas necessidades, problemas e sonhos, isso significa que ele deseja ir adiante. Se ele não tivesse nenhum interesse em seguir adiante, daria uma desculpa qualquer e encerraria a conversa. Se após a apresentação, os clientes costumam manifestar algum tipo de dúvida, isso significa que o objetivo da etapa de negociação é **solucionar dúvidas**.

> SE O CLIENTE TEM DÚVIDAS ISSO SIGNIFICA QUE ELE DESEJA IR ADIANTE.

Mas por que esta etapa não se chama etapa de solucionar dúvidas, e sim negociação?

Segundo a metodologia de Harvard[32], "negociar é obter acordo de mútuo interesse e, se houver conflitos, adotar padrões corretos, sem considerar propostas puramente individuais".

Desde que conheci essa metodologia, confesso que me incomodei com a palavra conflito. Talvez pelo fato de que, de alguma maneira, para mim o conflito parece algo negativo, mesmo não sendo. Conflitamos quando temos visões ou interesses opostos. Isso não significa que, de alguma forma, eles não possam convergir.

Esse é um ponto, inclusive, bastante explorado nessa metodologia: a arte de obter a perspectiva do outro.

O Institute of World Affairs, órgão das Nações Unidas (ONU), explica que, "em seu nível mais fundamental, a negociação pode ser definida como o processo em que duas ou mais partes compartilham ideias, informações e opções para atingir um acordo mutuamente aceitável. A negociação é um processo que envolve o intercâmbio de propostas seguras e garantias".

Por isso essa etapa se chama negociação, porque queremos chegar a um acordo que seja benéfico para todos os envolvidos, dentro dos limites possíveis, embora nem sempre conheçamos todas as possibilidades.

A NEGOCIAÇÃO É UMA ETAPA DA VENDA NA QUAL HÁ INTERESSE DE SEGUIR EM FRENTE POR PARTE DO CLIENTE E DO VENDEDOR, MAS AS CONDIÇÕES PARA ISSO AINDA NÃO FORAM PLENAMENTE SATISFEITAS.

O vendedor fez perguntas, o cliente respondeu. O vendedor não fez todas as perguntas possíveis (isso seria até insano). O cliente não explicitou todos os detalhes (alguns por julgar não serem úteis, outros porque não foram questionados a respeito). Se o diálogo construído forneceu informações suficientes, a venda pode até ser finalizada após a etapa de apresentação. Se não, chegou a hora de o cliente apresentar suas dúvidas e de o vendedor respondê-las.

Por um lado, temos aqui o diálogo consultivo sendo conduzido pelo cliente que quer mais informações. Por outro, temos a possibilidade de aprofundar o diálogo consultivo a partir do momento em que o vendedor explora mais questões.

Visão cliente

Essa parece uma parte delicada da venda. Aqui ou se ganha ou se perde, certo? Essa é a perspectiva que você espera de quem está se esforçando para lhe vender algo ou de quem o está ajudando a fazer a melhor aquisição possível dentro das suas condições?

Assinale com um X o que você acredita que poderá apoiar estrategicamente um vendedor na geração de valor para você como cliente no que se refere à negociação:

- ☐ Ouvir suas dúvidas com o máximo de atenção.
- ☐ Responder aos seus questionamentos com o máximo de sinceridade possível.
- ☐ Considerar seus desafios em vez de forçar a barra.
- ☐ Argumentar com precisão em vez de tentar manipulá-lo.
- ☐ Levantar aspectos emocionais do momento, refletindo sobre como você se sentirá após a aquisição do produto/serviço.
- ☐ Apresentar condições que ampliem suas possibilidades de escolhas.
- ☐ Buscar contrapartidas às suas concessões, deixando claro o que ele também ganha ou perde com a negociação.
- ☐ Tratar o momento com seriedade, reconhecendo o impacto da decisão na sua vida ou nos seus negócios.
- ☐ Fazer mais perguntas que ajudem o vendedor a ter clareza sobre quais pontos ainda impedem a compra.
- ☐ Agir com honestidade.
- ☐ Respeitar suas decisões.
- ☐ Dar o melhor de si, demonstrando o quanto acredita que a aquisição é a melhor possível.

Fator crítico de sucesso

Numa das cenas do filme *Madagascar*, Alex, o leão, está faminto, e enquanto seu amigo Marty, a zebra, corre feliz pela floresta, ele passa enxergar, em vez do amigo, um suculento bife.

Por muito tempo, era assim que os vendedores enxergavam seus clientes: presas fáceis prontas para serem devoradas. Hoje, no entanto, a necessidade de sustentabilidade do processo de vendas faz com que vendedores queiram manter seus clientes vivos. E bem vivos.

Para isso, é preciso considerar não só o volume de vendas ou a efetivação ou não das vendas, mas a possibilidade de fidelizar o cliente, o que não significa que ele vá comprar apenas de você, mas que ele vai voltar a comprar de você (ou da sua empresa) e indicá-lo.

Alguns continuarão comprando por falta de opção, é claro, mas isso, no mínimo, manchará sua reputação, o que afeta o valor de mercado da empresa.

Para garantir que uma venda tenha qualidade, a negociação não é o momento de manipulação, de persuasão, mas, sim, o momento de encontrar as condições favoráveis para todos os envolvidos nela. Para isso, o vendedor terá que fazer um esforço ainda maior para olhar a venda pela perspectiva da compra. Assim, o fator crítico de sucesso desta etapa é ter o **foco do cliente**.

Por mais clichê que possa parecer, vou explicar a diferença entre ter foco no cliente e ter foco do cliente.

Ter **foco no cliente** é olhar o cliente sob a perspectiva do que é importante para a empresa. Foco no cliente é útil para coletar números que permitam avaliar seus padrões comportamentais, hábitos, gastos financeiros, e com isso identificar um perfil. Aqui eu enxergo o cliente na minha mira.

Já o **foco do cliente** considera o fator humano, ou seja, a pessoa por trás do cliente. As necessidades reais do cliente vêm à tona, permitindo que você entenda cada uma delas e tome medidas para satisfazê-las. Aqui eu enxergo o que o cliente mira.

Foco no cliente é enxergar o cliente na minha mira. Foco do cliente é enxergar o que o cliente mira.

Muitos métodos foram criados com o objetivo de aumentar a efetividade dos processos de negociação e conduzir estes ao fechamento.

Sem dúvida, um dos mais famosos é o método de Harvard[32], que ensina como fazer prevalecer os interesses. Outro método muito conhecido é o da Wharton School[33], publicado no livro *Negociar é preciso*, de Richard Shell, com enfoque na prática do processo e no conhecimento da natureza humana.

O livro *Conversas difíceis*[34] traz uma perspectiva mais individualizada. Ele apresenta um dos principais pontos que quero reforçar aqui, que é o fato de que tanto a venda quanto a compra são realizadas por pessoas. Não se trata de segmentar, de entender de psicologia ou de neurociência, mas de considerar o indivíduo.

#BORABATERMETA

FOCO NO CLIENTE É ENXERGAR O CLIENTE NA MINHA MIRA. FOCO DO CLIENTE É ENXERGAR O QUE O CLIENTE MIRA.

CAROL MANCIOLA

#BORABATERMETA

Uma conversa difícil é toda aquela em que nos sentimos desconfortáveis. De certa forma, se o comprador, mesmo diante de sua brilhante apresentação, apresenta uma dúvida ou discorda de algo, esse pode ser um momento desconfortável para você. Por outro lado, para o comprador também pode ser desconfortável decepcioná-lo (sim, isso é possível).

Antes de resumir as dicas para lidar com conversas difíceis, vou pegar outro conceito emprestado que considero muito útil, o da comunicação não violenta[35].

A base da comunicação não violenta se resume em escutar sem criticar, analisar, culpar ou diagnosticar os outros. Pode parecer algo simples, mas não é. Isso acontece porque a maioria de nós cresceu usando uma linguagem que rotula, compara, exige e julga, em vez de encorajar a perceber o que estamos sentindo e do que precisamos.

Para exercer a comunicação não violenta, é preciso considerar seus quatro componentes:

- Observação: a realidade, o fato;
- Sentimento: como nos sentimos em relação ao que estamos observando;
- Necessidades: o que nos está faltando e, por isso, gerando nossos sentimentos;
- Pedido: o que, se fornecido pelo outro, atende à minha necessidade e cessa o sentimento.

Diante de uma dúvida ou objeção, em vez de ficar desanimado ou ofendido e responder usando como base esses sentimentos, explique ao cliente o que ele pode fazer para ajudar você a ajudá-lo. Por exemplo:

Você disse que nosso preço é absurdo. Sinto como se você estivesse achando que quero me aproveitar do seu interesse pelo nosso produto. Se você me disser o que considera absurdo, talvez fique mais fácil para mim esclarecer algumas questões ou oferecer alternativas. Você pode me dizer o que o faz perceber o preço como absurdo?

Provavelmente o cliente ficará desarmado ou dirá que não teve a intenção de fazê-lo sentir-se desse jeito (talvez até peça desculpas). É possível que ele lhe dê informações mais precisas ou talvez vire as costas e vá embora. A comunicação violenta tem o objetivo de permitir a você fazer seu melhor, mas mesmo assim não é possível prever que a reação de todos os clientes seja positiva.

COMO FAZER A VENDA PRESENCIAL NUM MUNDO CADA VEZ MAIS DIGITAL

Outro ponto que pode estar passando pela sua cabeça é: tenho mesmo que fazer esse discurso todo só para o cliente me enxergar também como "gente"? Você não tem, mas é importante que saiba que pode e que costuma funcionar.

> Muitos dos meus clientes pedem propostas emergenciais, me fazem virar noites para cumprir os prazos de envio das mesmas e depois sequer notificam que receberam o documento. Desaparecem com a mesma velocidade com que me acharam em todos os canais possíveis (e-mail, WhatsApp, ligações, redes sociais).
>
> Certa vez, uma cliente me mobilizou absurdamente: alterei minha agenda, fui até outra cidade pegar o briefing com seu diretor, saí às 23h00 do escritório elaborando a proposta para uma reunião que aconteceria no dia seguinte às 10h00. Fiz follow-up logo cedo para confirmar o recebimento. Ela deu ok, mas disse que ainda não tinha tido tempo de ler na íntegra e que, se surgisse alguma dúvida antes de entrar na reunião, me acionaria.
>
> Como a reunião era às 10h00, no final da tarde mandei uma mensagem perguntando como tinha sido e me oferecendo para fazer a apresentação presencial. Nenhuma resposta.
>
> No dia seguinte, fiz um comentário num post que ela havia acabado de publicar, para saber se ela estava viva. Ela curtiu, mas não respondeu.
>
> Uma semana depois, ainda nenhum sinal de vida. Eu estava realmente chateada. O sentimento era responsabilidade minha, a situação dela. Decidi escrever um e-mail usando os princípios da comunicação não violenta:
>
> "Querida cliente,
>
> Há quase duas semanas, você me solicitou uma reunião emergencial. Por conta da nossa parceria de longa data e do meu interesse pelo projeto, consegui fazer alterações na agenda e atender ao seu pedido. Aceitei o prazo de menos de 24 horas para envio da proposta, e assim o fiz. Confirmei seu recebimento e, depois disso, não tive mais nenhum retorno seu, apesar de oito tentativas por diversos canais (Observação).
>
> Essa situação me causou um grande desconforto. Senti-me desvalorizada diante de todo esforço empregado para atendê-la (Sentimento).
>
> Para construirmos uma relação de parceria, é importante para mim que você me posicione sobre o status da proposta. Ficou adequada

> ao desafio da sua empresa? O preço estava dentro de suas possibilidades? Você conseguiu apresentá-la? (Necessidade).
> Gostaria de lhe pedir um retorno o mais breve possível para que possa me organizar em relação aos próximos passos ou excluir a mesma do pipeline. Posso contar com você? (Pedido).
> Espero que você esteja bem! Um abraço,
> Carol"
>
> Alguns minutos depois, recebi um áudio pedindo desculpas pelo sumiço e posicionando-me da situação. Confesso que fiquei temerosa em expor meus sentimentos, mas fazê-la entender o impacto do comportamento dela sobre mim fez toda diferença. Seguimos parceiras até hoje.

O princípio da comunicação não violenta se conecta às conversas difíceis pelo fato de sermos gente lidando com gente.

SOMOS GENTE LIDANDO COM GENTE.

Fiz uma combinação entre as metodologias que resultou na seguinte estratégia de negociação:

1. Utilize a comunicação não violenta: observe os fatos, compreenda as emoções e firme sua identidade.
2. Avalie se os seus objetivos e os objetivos do cliente são realmente convergentes: o que tenho a oferecer realmente faz sentido para esse cliente? Esse cliente está realmente disposto a comprar? Neste último caso, talvez seja necessário, no momento mais propício, fazer essa pergunta.
3. Comece pelas questões apresentadas pelo cliente: antes de disparar contra-argumentos, faça sua leitura da dúvida para checar sua compreensão. Descreva-a sob sua perspectiva, considerando todos os pontos de vista como igualmente válidos. Deixe clara sua intenção em ser um parceiro da compra.
4. Explore a perspectiva do cliente e apresente suas opções: ouça e repita o que ele diz, compartilhe o seu ponto de vista sem julgamentos, suas intenções e sentimentos. Seu objetivo é entender e atender, e não manipular.

5. Apresente soluções: pense em opções que levem em consideração as preocupações e interesses de ambos. É importante apresentar alternativas para cada não que você estiver disposto a dar ao cliente.

Quanto mais humana for a relação com o cliente, mais fluida a negociação será. Assim como por trás de cada cliente existe uma pessoa, por trás de cada vendedor também há um indivíduo.

O desafio é não se diminuir, não parecer estar fazendo um favor, não parecer estar pedindo ao cliente um tipo de favor. O processo de venda é algo recíproco: o cliente tem uma necessidade e você tem soluções. Quanto mais isso ficar claro para ambos os envolvidos, melhor.

Essa postura de parceria tornará a relação mais leve e o ambiente de confiança se manterá. Quanto mais houver confiança numa relação, menos necessário será negociar. A perspectiva aqui é um diálogo consultivo ampliado ou aprofundado.

Importância

Chegar até essa etapa e desistir depois de ter ido tão longe não parece muito inteligente. No entanto, muitos vendedores encaram uma objeção como uma decisão do cliente e se desmotivam. Outros acham que não possuem argumentos, e ainda há aqueles vendedores que acham perda de tempo tentar convencer o cliente ou fazê-lo enxergar o quanto precisa de determinada solução.

Para facilitar nossa compreensão, vou utilizar a linguagem da objeção para explicar a importância da negociação.

As objeções apresentadas pelos clientes podem ser entendidas como:
- Pedido de mais informações;
- Forma de o cliente eliminar os produtos que não quer comprar;
- Forma de o cliente obter mais tempo para decidir;
- Predisposição do cliente em ser inflexível (manter a fama de "durão");
- Maneira de o cliente aumentar seu poder de barganha;
- *Feedback* sobre a postura do vendedor;
- Desconhecimento do cliente sobre suas reais necessidades.

Assim como nem toda objeção é uma decisão, nem toda objeção pode ser superada.

Se tratada como decisão, o processo acaba. Se não puder ser superada, também. No caso de objeções que não podem ser superadas, como "não tenho dinheiro nem crédito", é melhor perder a venda do que perder o cliente.

#BORABATERMETA

Solucionar uma objeção é a única forma de fechar uma venda sustentável, por isso é importante entender os tipos de objeção e como lidar com cada um deles.

Em relação à maneira como são apresentadas pelo cliente, as objeções podem ser:
- **Declaradas:** aquelas que os clientes manifestam de forma objetiva.
- **Ocultas:** aquelas que os clientes têm, porém não revelam, utilizando, em muitos casos, a linguagem corporal ou a indiferença em relação ao vendedor.

Quanto à sua veracidade, as objeções podem ser:
- **Fundamentadas:** aquelas que o cliente se baseia em fatos e dados, obrigando um melhor preparo por parte do vendedor.
- **Não fundamentadas:** aquelas sobre as quais o cliente não tem evidência. A maioria delas é baseada em paradigmas próprios, informações distorcidas, ou apresentadas ao acaso para testar o conhecimento do vendedor.

O quadro a seguir faz um resumo de como lidar com cada tipo de objeção:

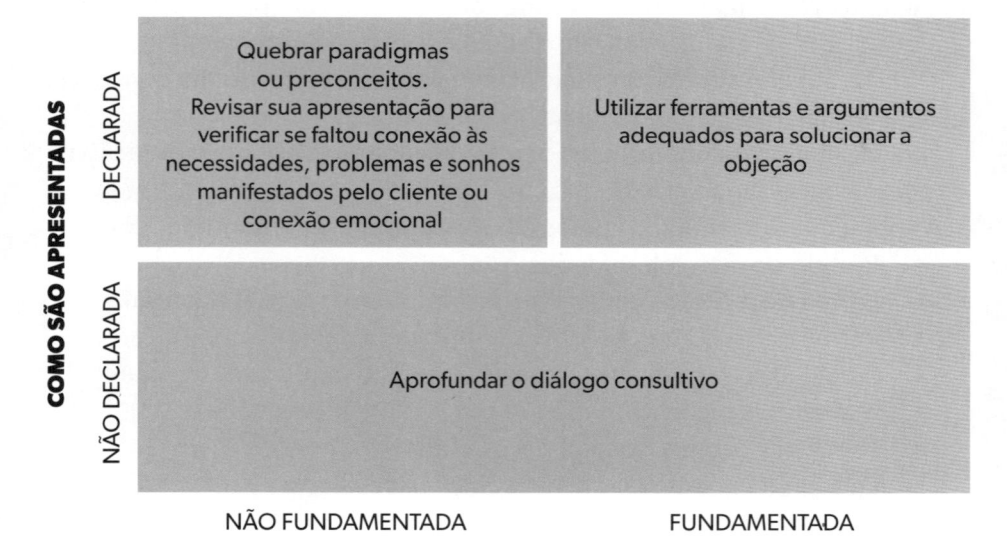

COMO SÃO APRESENTADAS	VERACIDADE	
	NÃO FUNDAMENTADA	FUNDAMENTADA
DECLARADA	Quebrar paradigmas ou preconceitos. Revisar sua apresentação para verificar se faltou conexão às necessidades, problemas e sonhos manifestados pelo cliente ou conexão emocional	Utilizar ferramentas e argumentos adequados para solucionar a objeção
NÃO DECLARADA	Aprofundar o diálogo consultivo	

É importante atentar-se ao fato de que **o cliente pode nem sempre estar certo, mas ele sempre tem SUA razão.** Essa foi uma reflexão muito bacana que tivemos durante uma discussão, eu e minha amiga e consultora Vanessa

#BORABATERMETA

O CLIENTE PODE NEM SEMPRE ESTAR CERTO, MAS ELE SEMPRE TEM SUA RAZÃO.

CAROL MANCIOLA

Beeke. Os argumentos apresentados pelo cliente podem não fazer sentido ou até não ser verdadeiros. A maneira de apresentá-los também pode estar distorcida, ser agressiva ou arrogante, por exemplo. Mas, quando se fala em razão, quero dizer motivo, motivação. Ou seja, certo o cliente nem sempre estará, mas ele sempre terá sua razão para falar algo da maneira como fala.

Uma das objeções considerada a mais frequente e grave pelos vendedores é o PREÇO. Muitos vendedores dirão que não têm autonomia para dar desconto, que realmente concordam que seu preço é mais caro e que seu produto não tem diferenciais que o justifiquem.

Se o cliente insiste em não comprar por conta do preço, é porque ele não vê valor naquilo que você vende. Das duas, uma: ou você não conseguiu vender valor para ele, ou o que você vende não tem realmente valor.

Lembre-se de que, como vendedor, **seu objetivo é agregar valor ao processo de vendas**. Se você não agrega valor ao processo, você não está exercendo seu papel em toda sua plenitude. Se você existe no processo, no mínimo precisa agregar valor como um especialista de clientes. Se o cliente não consegue enxergar nenhum tipo de valor no que você vende, é porque o cliente não vê valor em você, e se ele não vê valor em você, o que você vende é dispensável. Ou, pior ainda, você pode ser dispensável. Essa é uma afirmação dura, mas sua lógica é mais do que verdadeira.

Por outro lado, se seu produto realmente não tem valor, é melhor que esse tipo de venda migre para plataformas de vendas digitais e fique sujeito a leilões e cotações. De fato, muitos produtos se tornaram *commodities*. Cabe às empresas responsáveis por eles gerenciar essa questão, mas, neste caso, um vendedor se configura um desperdício, afinal, seu custo fixo ou comissões encarecem o produto e o tornam menos competitivo.

Durante uma conferência com muitos cases de sucesso, ouvi do CEO de uma gigante do varejo a seguinte explicação para seu sucesso:

> *"Tiramos da loja tudo o que era dispensável e enfatizamos tudo o que era valor na percepção do cliente. A primeira coisa que eliminamos foi a equipe de atendimento. O cliente queria desconto e a equipe de atendimento nunca conseguia reverter essa situação, ou seja, sempre cedia sem a menor contrapartida. Excluímos o time de atendimento e baixamos o preço."*

Isso me fez pensar que uma das "armas" de vendas mais desejadas pelos vendedores, o desconto, pode ser exatamente seu juízo final.

O preço é sempre um ponto desafiador, mas se todas as condições fossem favoráveis à compra, os vendedores seriam dispensáveis. É papel do vendedor equacioná-las. Um ponto importante e que precisa ser considerado é que muitas objeções são plantadas pelo próprio vendedor: "Eu tenho um mais barato", "Esse realmente sai pouco", "Esse é o mais vendido", são exemplos de argumentos que só devem ser utilizados quando diretamente conectados à uma solicitação ou observação do cliente. Por isso, antes de apresentar, argumentar ou contra-argumentar, pergunte.

Desafios da implementação

Muitos vendedores acreditam que seu papel é persuadir ou convencer o cliente a comprar e que, para isso, precisam falar com segurança e entusiasmo sobre seu produto. A partir daí a decisão fica a cargo do cliente. Seu papel acabou. Assim, para muito deles, de forma consciente ou não, objeção é uma negativa do cliente, e seu trabalho acabou.

Talvez esse seja um dos motivos de taxas de conversão tão baixas no varejo e de funis de vendas cada vez mais finos na base nas vendas B2B.

De todo modo, solucionar dúvidas, lidar com reclamações e insatisfações, não é fácil. Existem desafios de conhecimento, pois o cliente, hoje, em alguns aspectos, tem mais acesso à informação que o vendedor (vide clientes que consultam informações de produto dentro da loja, onde, na maioria dos casos, os vendedores não podem tocar no celular durante o expediente). Existem desafios de habilidades, pois o aspecto emocional precisa ser considerado e a velocidade de resposta precisa ser rápida. Existem desafios de atitudes, pois falta disposição de muitos vendedores para seguirem em frente. Existem ainda os desafios de gestão, pois poucos gestores se dedicam a acompanhar suas equipes a fim de entender seus desafios e apoiá-las (a maioria acompanha a equipe com o intuito de vender por ela).

Um grande número de dúvidas por parte do cliente pode significar também falhas nas etapas anteriores. No entanto, se considerarmos que a preparação, a aproximação, a investigação e apresentação foram bem realizadas, podemos dizer, em linhas gerais, que alguns motivos pelos quais vendedores não realizam uma negociação efetiva estão relacionados aos seguintes aspectos:
- Falta disposição de seguir em frente;
- Frustração diante de uma boa performance nas outras etapas;
- Falta de conhecimento aprofundado de produtos e serviços;
- Falta de conhecimento de *cases* de sucesso da empresa;
- Falta de autonomia;

- Pressão da gestão por ele já ter gastado tempo demais com aquele cliente;
- Clientes que abusam do seu poder de compra;
- Gestores que não valorizam o esforço do vendedor e cedem a todas as vontades dos clientes mesmo sem contrapartida;
- Crença de que uma objeção é uma decisão;
- Desconhecimento de alternativas de solução.

Sua realidade de vendas

Aproveite que chegamos ao fim deste tópico e liste aqui algumas atividades que o ajudarão a realizar com maestria a etapa de NEGOCIAÇÃO considerando sua realidade de vendas:

_____
_____
_____
_____
_____
_____

A negociação é uma etapa da venda na qual há interesse de seguir em frente por parte do cliente e do vendedor, mas as condições para isso ainda não foram plenamente satisfeitas. Satisfazer o cliente é o que garante o fechamento que tem como objetivo formalizar a venda.

#BORABATERMETA

FINALIZ.AÇÃO

Como vendedora, tenho minhas falhas, afinal, sou um ser humano. Confesso que a maior delas está nesta etapa. Ansiosa para compartilhar as conquistas com o time ou simplesmente para ouvir o sino tocar ou bonequinho do CRM bater palmas, às vezes comemoro antes do tempo.

Isso acontece quando o cliente diz que vamos seguir em frente, mas não envia o contrato assinado, ou até quando o contrato é assinado, mas não conseguimos iniciar o projeto. No varejo, acontece quando o cliente vai até o caixa, mas o cartão não aprova e ele não tem alternativas.

Estou contando isso porque nem sempre a não venda é responsabilidade (ou culpa, como algumas pessoas preferem se referir ao insucesso) é nossa. Mas quero também reconhecer que, por vezes, nem sequer conseguimos chegar até aqui.

Bernardinho[36], técnico de vôlei, tem uma frase que adoro: "Nem sempre podemos ganhar o jogo. Por vezes o adversário se sairá melhor que nós. Mas precisamos sair da quadra sempre com a sensação de que demos o nosso melhor". A analogia aqui está mais em fazer o nosso melhor do que em ganhar o jogo.

Não gosto de pensar na venda como um jogo no qual alguém ganha e alguém perde. Se venda é um jogo, para mim ela é um jogo de frescobol.

Rubem Alves[37] tem um texto brilhante em que compara um jogo de tênis ao de frescobol e que traduz bem o que quero dizer com "se vender é um jogo, ela é um jogo de frescobol":

> "O tênis é um jogo feroz. O seu objetivo é derrotar o adversário. E a sua derrota se revela no seu erro: o outro foi incapaz de devolver a bola. Joga-se tênis para fazer o outro errar. O bom jogador é aquele que tem a exata noção do ponto fraco do seu adversário, e é justamente para aí que ele vai dirigir a sua cortada – palavra muito sugestiva, que indica o seu objetivo sádico, que é o de cortar, interromper, derrotar. O prazer do tênis se encontra, portanto, justamente no momento em que o jogo não pode mais continuar porque o adversário foi colocado fora de jogo. Termina sempre com a alegria de um e a tristeza de outro.
>
> O frescobol se parece muito com o tênis: dois jogadores, duas raquetes e uma bola. Só que, para o jogo ser bom, é preciso que nenhum dos dois

perca. Se a bola veio meio torta, a gente sabe que não foi de propósito e faz o maior esforço do mundo para devolvê-la gostosa, no lugar certo, para que o outro possa pegá-la. Não existe adversário porque não há ninguém a ser derrotado. Aqui ou os dois ganham ou ninguém ganha. E ninguém fica feliz quando o outro erra – pois o que se deseja é que ninguém erre. E o que errou pede desculpas, e o que provocou o erro se sente culpado. Mas não tem importância: começa-se de novo esse delicioso jogo em que ninguém marca pontos.

Tênis é assim: recebe-se o sonho do outro para destruí-lo, arrebentá-lo, como bolha de sabão... O que se busca é ter razão e o que se ganha é o distanciamento. Aqui, quem ganha sempre perde.

Já no frescobol é diferente: o sonho do outro é um brinquedo que deve ser preservado, pois se sabe que, se é sonho, é coisa delicada, do coração. O bom ouvinte é aquele que, ao falar, abre espaços para que as bolhas de sabão do outro voem livres. Bola vai, bola vem. Ninguém ganha para que os dois ganhem."

Apesar de ser um texto que fala de casamentos, não considero minha visão sobre a venda romântica. Considero minha visão sobre a venda real. A etapa de finalização não é o fim do jogo em que o vendedor ganhou; é a consagração de uma relação na qual todos os envolvidos foram beneficiados.

Objetivo

Para que a venda aconteça, ela precisa ser **formalizada** e é esse o objetivo da etapa de finalização. No caso de vendas complexas ou de alto valor, o desafio é promover a evolução do cliente, ou seja, cada encontro, visita ou contato precisa aproximar o cliente da formalização da venda.

Por mais estranho que pareça, um dos motivos da não formalização é a insistência do vendedor. Mas, Carol, o vendedor não precisa ser persistente?

Sim, mas **persistir é bem diferente de insistir**. Insistir é tentar, da mesma forma ou com os mesmos recursos, convencer alguém de algo quando este já está decidido. Persistir é tentar de formas diferentes ou com outros recursos quando ainda há espaço para isso.

Alguns vendedores querem aproveitar o momento da formalização para oferecer o produto exposto no caixa ou um aumento de volume, visto que o cliente está "comprador". Isso só deve ser feito se houve algum tipo de manifestação favorável, e não é no momento da finalização que isso deve acontecer. Se for o caso, volte duas casas (vá para a etapa de apresentação) e arrisque perder o que já conquistou por um pouquinho a mais. Eu não recomendo.

É preciso lembrar que vender é algo bem diferente de manipular.

Vender é entender a situação do cliente, identificar oportunidades diante de suas necessidades. Manipular é convencer o cliente de algo que ele não precisa.

Vender é mostrar benefícios de acordo com os valores do cliente. Manipular é tentar empurrar coisas.

Vender é flexibilizar opções. Manipular é ofertar somente aquilo que é conveniente ao vendedor.

Vender é oferecer soluções concretas. Manipular é fazer promessas vazias.

VENDER É	MANIPULAR É
Entender a situação	Convencer o cliente do que ele não precisa
Mostrar os benefícios de acordo com os valores do cliente	Tentar empurrar coisas
Flexibilizar condições	Ofertar somente aquilo que é conveniente ao vendedor
Oferecer soluções concretas	Fazer promessas vazias

De forma alguma estou dizendo que o vendedor não deva fazer vendas adicionais. Só reforço que a etapa de finalização não é o momento adequado para isso.

Visão cliente

Você passou por todas as etapas da venda e está propenso a fechar a compra. Como o vendedor pode (e deve) apoiá-lo nesse processo?

Assinale com um X o que você acredita que poderá apoiar estrategicamente um vendedor na geração de valor para você como cliente no que se refere à finalização:

- ☐ Perguntar se você quer ler (ou receber) o contrato ou se você pode acompanhá-lo até o caixa.
- ☐ "Tirar da manga" os argumentos extras que ele deixou para o final.
- ☐ Utilizar técnicas de fechamento que mexem com suas emoções.
- ☐ Dizer que a oferta, promoção ou condição se encerra após aquele contato.
- ☐ Apresentar cases de pessoas que adquiriram o produto ou serviço e como elas estão satisfeitas com sua decisão.
- ☐ Oferecer descontos e brindes.
- ☐ Chamar seu superior para ajudá-lo no fechamento.
- ☐ Acessar seu CRM ou banco de dados para verificar alguma oferta exclusiva.

Fator crítico de sucesso

Muitos livros de vendas apresentam técnicas mirabolantes de fechamento: "Faça o cliente dizer sim cinco vezes seguidas e apresente seu produto; ele tenderá a dizer sim também". Esse é um exemplo que li num deles (não vou citar a fonte por não concordar com a técnica).

Muitos blogueiros de vendas deturpam conceitos clássicos ou abusam da moda da neurociência para transformar estudos sobre o funcionamento da mente humana em técnicas poderosas de fechamento. Funciona? Pode até fechar a venda, mas o risco de o cliente se arrepender depois é gigante.

Quem viaja bastante de avião já deve ter notado empresas que fisgam clientes no corredor do aeroporto oferecendo um brinde. Depois de feito um contato visual com o cliente, um brinde muito instigante lhe é apresentado e o cliente se aproxima do balcão. A técnica de persuasão é poderosa. Outro dia fiquei quarenta minutos observando o movimento do quiosque e, de nove pessoas que se aproximaram, seis fecharam negócio. O cliente pode até sair satisfeito com seu brinde em mãos e a certeza de que receberá seu produto ou fará excelente uso dele, mas uma rápida pesquisa no site Reclame Aqui mostra um péssimo índice de reputação dessas empresas pelo fato de os clientes não receberem o produto adquirido e não conseguirem cancelar a compra. Será mesmo que vale a pena?

Minha sugestão nesta etapa é: evite essas técnicas. Concentre-se em manter sua ética, honestidade e integridade.

A VENDA PASSA, SUA REPUTAÇÃO FICA.

No livro as *As armas da persuasão*[38], Robert Cialdini fala como influenciar e como não se deixar influenciar. Ele explica conceitos como identificar padrões de comportamento e o princípio do contraste, muito utilizado por espertalhões que desejam manipular seus clientes.

Se você quer apenas fechar a venda, siga em frente. Se você quer fechar uma venda sustentável, ou seja, uma venda capaz de gerar outras vendas, aja com respeito e não com técnicas de manipulação.

O fator crítico de sucesso da finalização é a **satisfação do cliente**. Para isso, garanta que todos os itens incluídos na venda foram aceitos pelo cliente e fazem sentido para ele. Não deixe as letrinhas miúdas de fora dessa etapa. Garanta o pleno entendimento das condições para, literalmente, seguir em frente: com o fechamento e com a relação com o cliente.

Importância

Sem a formalização da venda, não há venda. Alguns vendedores dirão que fizeram sua parte e, que nesses casos, outros fatores externos ao seu desempenho foram responsáveis pela não efetivação da venda.

Concordo parcialmente com isso. É claro que algumas questões fogem por completo ao controle do vendedor, mas muitas delas poderiam ter sido identificadas.

É por isso que a técnica de vendas que apresento neste livro tem uma cadência, uma lógica. Uma venda até pode ser realizada sem o uso da técnica, mas provavelmente não será a melhor venda possível (tanto pela perspectiva de quem compra quanto pela perspectiva de quem vende).

Vamos fazer uma retrospectiva para deixar clara a lógica desse processo humanizado de vendas:
- Estar preparado vai deixar você mais seguro;
- A segurança lhe permitirá uma maior aproximação que fortalecerá a confiança depositada em você pelo cliente;
- Essa confiança lhe permitirá desenvolver um diálogo consultivo;
- Por meio do diálogo consultivo, você descobrirá não só o que o cliente

quer, mas o que ele precisa e por quê. Com isso, sua apresentação conectará o que você tem para oferecer com o que faz sentido para o cliente;
- As dúvidas deverão ser sanadas por meio do foco do cliente e o levarão à finalização, que nada mais é do que a consequência de todo um processo executado corretamente.

Degraus (de baixo para cima):
- SEGURANÇA — PREPARAÇÃO
- CONFIANÇA — APROXIMAÇÃO
- OPORTUNIDADES — INVESTIGAÇÃO
- CONEXÃO — APRESENTAÇÃO
- FOCO — NEGOCIAÇÃO
- SATISFAÇÃO — FINALIZAÇÃO

É claro que, nesse processo, existem vários desafios que precisam ser superados. Esse não é um processo linear; a depender do cliente, da relação, do tamanho, algumas etapas terão mais destaque do que outras.

Apesar de parecer um processo longo, estamos falando de um processo fluido. A velocidade dele tem mais a ver com o ritmo do cliente do que com sua vez ou sua agenda. Esse é um processo que contribui com uma melhor utilização do tempo que você tem disponível com o cliente. Ou seja:

A TÉCNICA ENCURTA O CAMINHO DO CONTATO AO CONTRATO, DO INTERESSE À FORMALIZAÇÃO, E TORNA VENDEDORES MAIS EFETIVOS.

Mesmo assim, acho importante um mergulho nos desafios existentes para concretização de uma venda. Dividi esses desafios em dois tipos:

1. **Externos:** que se referem aos desafios do contexto/empresa/cliente;
2. **Internos:** relacionados às crenças, capacidades e comportamentos do vendedor.

DESAFIOS EXTERNOS

- Para lidar com os DESAFIOS EXTERNOS, é preciso ampliar sua visão, aprofundando seus conhecimentos em características do seu segmento de atuação, como concorrência, critérios comuns de compra, fluxo de tomada de decisão, perfil de clientes e dinâmica competitiva do setor.
- É importante conhecer também sua empresa, sua marca e seus produtos e serviços. Essas são informações que parecem básicas, mas que muitas vezes são desprezadas pelos profissionais de vendas.
- Ir além dessas informações é, no mínimo, desejável. O profissional de vendas antenado possui um vasto repertório de conhecimentos gerais: o vendedor deve estar familiarizado com assuntos relativos à política, economia e cultura (seja ela útil ou "inútil", vai depender do perfil do seu cliente).
- Muitos vendedores acreditam que os desafios externos só podem ser superados com o auxílio da empresa e/ou dos seus gestores, ou mesmo que essa é uma responsabilidade que não lhes cabe. Aqui começam os DESAFIOS INTERNOS.

DESAFIOS INTERNOS

- Ressignificar crenças desfavoráveis ao processo de desenvolvimento, às responsabilidades e ao impacto do papel que o vendedor tem no processo de vendas não é uma tarefa fácil. À medida que a pessoa vai crescendo, ela vai acumulando crenças e conceitos a respeito de uma série de coisas em sua vida e do mundo que a cerca.
- São muitos os paradigmas presentes nos profissionais de vendas, já que vivemos um período de transição entre a antiga e a nova forma de comprar e vender.
- Se você fez o exercício no início desse livro, provavelmente já esbarrou com vários questionamentos ao longo da leitura. De qualquer forma,

acredito ser importante listar aqui algumas crenças que limitam o desenvolvimento pessoal e profissional do vendedor. São elas:
- É mais difícil vender do que comprar;
- O que eu vendo é caro;
- Eu sei o que é melhor para meu cliente;
- Eu conheço profundamente meu cliente;
- Não fui eu que não conseguiu vender, foi o cliente que não quis comprar;
- Técnica de venda só serve para engessar a venda;
- Relacionamento é tudo.

Identificar quais dessas crenças fortalecem o exercício do seu papel e o alcance de resultados e quais delas limitam o seu desempenho é o primeiro passo para superar alguns dos desafios internos.

Só a partir do reconhecimento do que ajuda e do que atrapalha estaremos conscientes das nossas limitações e dispostos a adquirir novas capacidades, ou a dar mais ênfase na utilização de algumas que já possuímos.

No processo de aprendizagem[39], o reconhecimento da incompetência é o primeiro passo para a evolução.

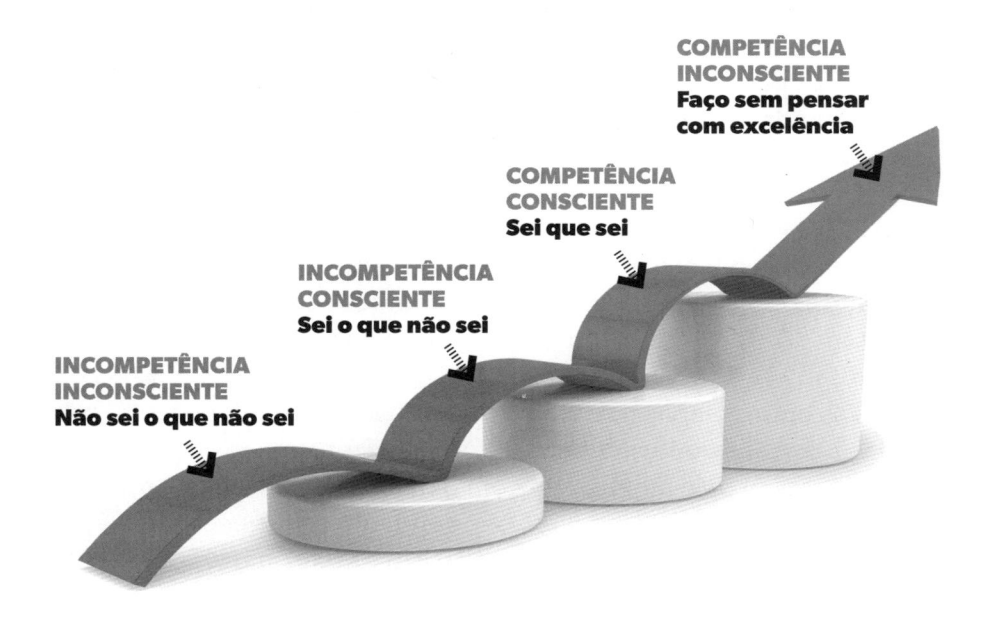

INCOMPETÊNCIA INCONSCIENTE
Não sei o que não sei

INCOMPETÊNCIA CONSCIENTE
Sei o que não sei

COMPETÊNCIA CONSCIENTE
Sei que sei

COMPETÊNCIA INCONSCIENTE
Faço sem pensar com excelência

> ## SÓ A PARTIR DA CONSCIÊNCIA DO QUE PRECISA SER MODIFICADO É POSSÍVEL DESENVOLVER NOVAS COMPETÊNCIAS. SÓ MUDAMOS AQUILO QUE CONHECEMOS.

- Identificar quais comportamentos-chave precisam ser praticados, bem como aqueles que precisam ser eliminados, é um desafio que requer disciplina. Os desafios internos são os desafios do autoconhecimento.
- Uma frase atribuída a Albert Einstein diz que "É o cúmulo da insanidade desejar resultados diferentes e fazer sempre as mesmas coisas". Se os desafios aumentam, as metas são cada vez mais agressivas e os clientes querem sempre algo mais, o profissional de vendas precisa superar seus desafios e se reinventar.
- Normalmente, é preciso que alguns desafios internos sejam superados para que os desafios externos comecem a ser superados. **É importante lembrar que o desenvolvimento pessoal precede o desenvolvimento profissional**.
- É importante reconhecer os desafios externos e buscar dentro de si recursos para seguir adiante quando de fato vale a pena.
- Se a venda faz sentido para quem vende e para quem compra, é preciso usar todos os recursos disponíveis para finalizá-la.

Desafios da implementação

Algumas empresas têm o desafio de revisitar suas métricas de remuneração variável, afinal, em alguns casos, vender a qualquer custo é atrativo para o vendedor, mas certamente é algo que não fará bem nem para o cliente, nem para empresa.

Se todas as outras etapas tiverem sido trabalhadas adequadamente, **o fechamento ocorrerá de forma natural**. Acontece que muitos treinamentos e a própria pressão pela meta fazem com o que o processo seja atropelado e que, na ânsia de finalizar um negócio, o vendedor se esqueça disso. O fechamento é uma etapa que, em algumas empresas, vale tudo. Isso costuma ser um grande erro.

Muitas vezes, uma finalização é malconduzida em função de aspectos como:
- Falta de conhecimento dos recursos de fechamento;
- Excesso de uso de técnicas que visam manipular a tomada de decisão do cliente;
- Inflexibilidade da empresa em relação às necessidades do cliente;
- Pressão sobre o cliente que faz com que este recue em vez de seguir em frente;
- Sistema de vendas que mais atrapalha do que ajuda;
- Condições omitidas ao cliente, mas que vêm à tona no momento do fechamento;
- Maior foco na meta do que na satisfação do cliente.

Sua realidade de vendas

Aproveite que chegamos ao fim deste tópico e liste aqui algumas atividades que o ajudarão a realizar com maestria a etapa de FINALIZAÇÃO considerando sua realidade de vendas:

_____
_____
_____
_____
_____
_____

Sem finalização não há formalização, e sem formalização não há venda. A fidelização só é possível após haver compromisso. Um cliente satisfeito tende a voltar a comprar ou indicar você e sua empresa, mas, para aumentar as chances de isso ocorrer, é fundamental que o cliente tenha sucesso. Isso torna a venda sustentável, devendo ser esse nosso grande objetivo.

FIDELIZ.AÇÃO

Nós tínhamos acabado de entregar um projeto altamente complexo e recebemos um *feedback* maravilhoso do cliente. Coincidentemente, o e-mail chegou no momento em que eu fazia uma análise da carteira de clientes e definia estratégias de abordagem para aqueles que já tinham comprado de nós.

Em meio à euforia, falei sem pensar: "Gente, é realmente muito bom sermos reconhecidos pela qualidade do nosso trabalho, mas o melhor feedback que um cliente pode nos dar é a recompra ou a indicação".

Os olhares se voltaram para mim e tive que levantar a cabeça do computador para dar uma explicação sobre o motivo daquele banho de água fria. Aproveitei o momento para levar o time a uma reflexão:

Nem todo cliente fiel está satisfeito, mas quase todo cliente satisfeito é fiel. Essa afirmação faz sentido para vocês?

Quando o assunto é fidelização, a discussão é longa.

Uma busca rápida no Google pode levá-lo a milhares de artigos sobre o tema. Em comum, você encontrar palavras como lealdade, valor, encantamento e satisfação.

Como gosto de clássicos, vou importar um conceito de Kotler[40], que diz que "a chave para se gerar um grande nível de fidelidade é entregar um alto valor para o cliente"; ele complementa explicando que valor é a diferença entre o valor total para o cliente (o conjunto de benefícios que o cliente espera de um determinado produto ou serviço) e o custo total para o cliente (conjunto de custos em que o cliente ou consumidor espera incorrer para avaliar, obter, utilizar e descartar um produto ou serviço).

Ou seja, além de gerar valor para o cliente, para conquistar sua fidelidade é preciso entregar valor.

PARA MANTER UM CLIENTE FIEL É PRECISO CONSTANTEMENTE ENTREGAR VALOR PARA ELE.

O conceito de fidelidade tem sido tão questionado que adoto aqui a etapa de fidelização como **a busca constante de uma empresa ou um vendedor**

#BORABATERMETA

O MELHOR FEEDBACK QUE UM CLIENTE PODE NOS DAR É A RECOMPRA OU A INDICAÇÃO.

CAROL MANCIOLA

por manter aguçado o interesse do cliente, por entregar algo que o mantenha fiel por opção.

Zygmunt Bauman, autor de *Tempos líquidos*[41], explica que os tempos são "líquidos" porque em nosso contexto atual nada é feito para durar, para ser "sólido". Num mundo com tantas opções, conquistar a fidelidade é algo desafiador: somos fiéis a determinada empresa, produto ou serviço enquanto eles nos trouxerem satisfação ou enquanto nossos interesses forem superiores aos desafios apresentados por eles. Se uma outra solução promete e entrega mais satisfação, a fidelidade com o antigo fornecedor acaba, ou seja, nós mudamos.

Objetivo

Indo direto ao ponto, uma empresa deseja a fidelidade de um cliente para **gerar recompra ou indicação**.

Algumas conseguem isso por meio de acordos realizados na primeira compra: academias de ginástica, planos de telefonia móvel, assinaturas de revista. Você se torna fiel antes de avaliar a experiência. É mais ou menos assim que acontece com os casamentos: você promete fidelidade sem saber ao certo o que o espera.

Divorciar-se, bem como quebrar esses contratos, costuma gerar custos altos, quase sempre descritos em cláusulas com letras miúdas. Quando isso acontece, é comum que a empresa perca um cliente e ganhe um detrator. Talvez por isso, morar junto esteja sendo a opção mais adotada por casais, e compras avulsas, pelos clientes.

Vivemos a era do consumo consciente e isso tem a ver tanto com a sustentabilidade do planeta quanto com o direcionamento dos recursos financeiros. Em tempos líquidos, a maioria das pessoas busca liquidez e baixas barreiras à mudança.

Nos casos dos programas de fidelização é que surgem os clientes fiéis, mas não satisfeitos. Algumas pessoas permanecem um ano numa operadora para não pagar multa, continuam com a conta no banco pelo alto desgaste relacionado ao seu nível de vinculação, falam brincando: "Estou pagando tal academia este ano" porque sai mais barato pagar e não frequentar do que cancelar.

Mas isso não é sustentável.

A tecnologia encurta a distância entre o original e a cópia e, por isso, é preciso se reinventar com mais frequência, acompanhando as mudanças do contexto e estreitando as relações com clientes.

O esforço de retenção precisa ser constante e não ao final do contrato. O encantamento do cliente precisa fazer parte da cultura de uma organização e não ser uma ação pontual. **O esforço para ampliação do *market share* deve ser proporcional ao esforço para conquistar *share of heart*** [42].

Visão cliente

É cada vez mais frequente utilizarmos os grupos de WhatsApp para pedir indicação de empresas e profissionais liberais. Quais critérios você utiliza para indicar alguém?

Quando se trata de adquirir um novo produto ou serviço, o que o leva a voltar a comprar de um antigo fornecedor?

Assinale com um X o que você acredita que poderá apoiar estrategicamente um vendedor na geração de valor para você como cliente no que se refere à fidelização:

- ☐ Mantê-lo atualizado sobre promoções e novidades.
- ☐ Lembrar suas preferências e personalizar a abordagem a cada contato.
- ☐ Tratá-lo com respeito durante todo atendimento.
- ☐ Superar sua expectativa em todas as oportunidades.
- ☐ Pedir desculpas em seu nome e/ou em nome da empresa sempre que algo sair diferente do esperado.
- ☐ Enxergar você antes como pessoa do que como cliente.
- ☐ Cuidar de todos os detalhes que você considera importantes.
- ☐ Entregar o prometido ou além do prometido.
- ☐ Sinalizar possíveis imprevistos e pôr-se à disposição no pós-venda.
- ☐ Acompanhar seu nível de satisfação com o produto.

Fator crítico de sucesso

Existem empresas que se destacam quando o assunto é transformar clientes em fãs: Disney, Zappos, Apple, Harley-Davidson são algumas das mundialmente conhecidas. Empresas que investem fortemente na construção e na manutenção de uma cultura de excelência no atendimento. Elas têm como missão: "Fazer as pessoas felizes" (Disney), "Entregar felicidade aos clientes, empregados e vendedores" (Zappos) ou "Realizar sonhos de liberdade pessoal" (Harley-Davidson).

Talvez você nem saiba a missão da empresa que representa, ou talvez ela nem tenha uma missão. Mas isso não o impede de ter sua missão como vendedor e esforçar-se diariamente para cumpri-la.

Simon Sinek[43] tem uma frase que diz que "as pessoas não compram o que você faz, mas porque você faz". Por isso que, tão importante quanto o que você vende, é saber por que você vende aquilo. Como o que você vende impacta a vida das pessoas, como resolve problemas, como realiza sonhos.

O QUE VOCÊ VENDE É UMA DECISÃO DA EMPRESA. COMO VOCÊ VENDE É UMA DECISÃO SUA.

O seu porquê tornará seu processo mais ou menos efetivo, mais ou menos motivador.

Para fidelizar um cliente, o que você faz durante a venda é tão importante quanto o que acontece depois dela, ou seja, a satisfação do cliente com a compra tem que ser proporcional ao **sucesso do cliente** com o resultado obtido por meio dela.

Sucesso do cliente é diferente de satisfação do cliente.

> Há alguns anos, recebi uma ligação na qual eu era informada de que havia sido sorteada com um final de semana num daqueles resorts maravilhosos com anúncios espalhados em quase todos os aeroportos do país. Fiquei muito animada e logo recebi as instruções: para resgatar o prêmio, eu deveria ir com meu marido (antes a pessoa me perguntou se eu era casada) para assistir à demonstração do pacote e pegar o voucher.
>
> Meu primeiro filho tinha apenas três meses, então fizemos um grande malabarismo e fomos ao local no dia e hora marcados. Fomos superbem recepcionados, o ambiente era muito agradável. Café, água, chá, poltrona macia, manobrista.
>
> Uma moça nos parabenizou pelo sorteio, apresentou nosso voucher e começou a conversar conosco sobre nossos hábitos de viagem. Quantas vezes, para onde costumávamos ir, onde ficávamos hospedados, nossos planos e sonhos. Após essa agradável conversa, ela nos perguntou se

#BORABATERMETA

> *gostaríamos de conhecer um sistema de viagem no qual, pagando muito menos, mas associando-nos a uma espécie de clube, teríamos acesso aos melhores hotéis, aos melhores destinos, pagando bem menos que o usual. Por que não conhecer essa maravilhosa oferta?*
>
> *Assistimos a vídeos com depoimentos de clientes, pesquisamos disponibilidade nos lugares planejados, fizemos um monte de contas, esclarecemos muitas dúvidas e, após quase duas horas, optamos por nos associar ao clube de vantagens e ter acesso a benefícios exclusivos. Além disso, tínhamos em mão o voucher com um fim de semana em família no tal super-hiper-mega-ultra-blaster resort. Saímos felizes e satisfeitos. O investimento era alto, mas certamente seria rapidamente recompensado ao longo dos três anos nos quais poderíamos fazer uso do benefício.*
>
> *Já na primeira tentativa, não conseguimos vaga no hotel desejado, na segunda fomos informados de que não poderíamos utilizar o benefício na alta temporada. Três anos se passaram e o sentimento era de que havíamos caído num golpe.*
>
> *Depois do estresse inicial, fizemos pesquisas na internet e com amigos, e descobrimos que essa é uma técnica de manipulação bastante comum e muito bem articulada. Recuperar o valor investido em nosso sonho era algo praticamente impossível, afinal, havíamos ido até o local da empresa e isso, por lei, nos impedia de cancelar sem ônus após os tais sete dias úteis. Dor de cabeça, estresse, decepção, frustração. Certamente por onde eu passo faço o alerta para que mais pessoas não sejam enganadas.*
>
> *Saí satisfeita com a compra? Sim! Tive sucesso? De jeito nenhum.*
>
> *Esse é um caso cabeludo de como isso acontece, mas ele é mais frequente do que imaginamos.*

Costumo dizer que nunca sei se calça jeans cede ou aperta depois que a usamos. Se ela fica justa no provador, a vendedora me diz que ela vai ceder. Se fica larga, diz que depois que eu lavar ela ajusta. Posso sair satisfeita com minha compra da loja, mas é certo que, após usar a calça nessas condições, não terei o sucesso almejado com a aquisição da mesma.

Se o vendedor deseja que o cliente seja fiel por convicção e leal por amor sua preocupação deve ir além da venda.

Importância

Num mundo cada vez mais digital, as opções de compra são bem vastas, sejam elas on-line ou presenciais. O fato de o cliente ter muitas opções torna mais tentadora a experimentação de novidades.

Por isso, as empresas estão constantemente se reinventando e usando artifícios para identificar a jornada de compra e atuar efetivamente nela.

A não fidelização implica perda de clientes. O *churn*, uma métrica que indica o quanto sua empresa perdeu de receitas ou clientes, costuma apavorar organizações no mundo todo. Por isso, é preciso calcular quanto custa atrair um novo cliente e quanto custa manter em nossa base alguém que já se relaciona conosco.

Para adquirir novos clientes, é comum que as empresas invistam em marketing (que atrai clientes e aumenta o valor da marca) e treinamento (para converter clientes e garantir a reputação da marca).

Já para manter (reter ou fidelizar) clientes o investimento mais comum está na constância de relacionamento e no tal do *costumer success*, que é a garantia do sucesso do cliente.

Na venda B2B, esse processo costuma ser mais amplo e estruturado. Na venda B2C, o varejo ainda caminha para criar uma base de clientes e se relacionar com eles. Grandes varejistas investem há tempos nos cartões *private label* ou mesmo nos programas de fidelidade. Pequenos varejistas usam o Excel, a caderneta, o "compre 10 e leve 11", mas também já estão se movimentando no sentido de manter a freguesia feliz.

Como vendedor, você integra essa engrenagem e também precisa fazer sua parte.

O processo de encantamento começa no primeiro contato do cliente com a empresa, e é preciso lembrar que **você é a empresa para o cliente**. Por isso, separei aqui alguns pontos que fazem a diferença:

- **Atenção aos detalhes:** a maneira como você cumprimenta o cliente pode abrir ou fechar portas. No clássico *O corpo fala*[44], o autor, Pierre Weil, explica a importância de estar atento à linguagem que vai além das palavras. No caso de vendas, quando estamos muito expostos, o corpo grita! **O desafio não é estar simplesmente com um sorriso no rosto e apertar a mão do cliente com firmeza, mas entrar no ritmo do cliente e estar 100% concentrado nele.** Para isso, é importante observar seus movimentos, espelhar-se nele e gerar aquela sintonia fina que faz parecer que vocês são da mesma turma. Aqui é importante reforçar que o tom da voz, a velocidade da fala, a maneira como você está vestido e até os cheiros que exala, são tão importantes quanto seu comportamento não verbal. As palavras que você escolhe para se comunicar e, principalmente, sua atitude em relação ao cliente fazem muita diferença. É preciso estar atento aos mínimos detalhes. Tudo conta.

- **Tratar o cliente como único:** os esforços de segmentação de cliente precisam ser proporcionais aos esforços de personalização. Pessoas querem ser tratadas como pessoas, querem ser ouvidas genuinamente e não comparadas a todo mundo. Costumo dizer, inclusive, que devemos evitar generalizações, afinal, **todo mundo é muita gente, tudo é muita coisa e sempre é muito tempo**. Quanto maior for a conexão entre seu eu e o eu do outro, melhor. Aquilo que serve para uma pessoa nem sempre serve para outra.
- **Superar as expectativas:** o encantamento do cliente pode ser definido como uma emoção caracterizada por altos níveis de alegria e surpresa. Ou seja, a realidade vivenciada por um cliente deve ser superior ao que ele esperava vivenciar. Quanto maior a expectativa de um cliente, mais difícil será gerar encantamento. Por isso, exagerar na propaganda pode ser um tiro no pé. **É preciso calibrar o que se promete entregar com o que efetivamente se entrega**. O vendedor deve estar atento ao cliente e usar sua autonomia para promover situações encantadoras. Isso não significa fazer mágica, mas tornar aquele momento, aquela experiência, mágicos para aquele cliente.

	ATENDIMENTO	
EXPECTATIVA > REALIDADE	EXPECTATIVA = REALIDADE	EXPECTATIVA < REALIDADE
DECEPÇÃO		ENCANTAMENTO

- **Preocupe-se com o sucesso do cliente:** ir além do momento da venda e preocupar-se de forma genuína se o que está sendo adquirido resolverá problemas, realizará sonhos, diminuirá custos ou aumentará os ganhos são questões a serem discutidas durante a venda.

> Sempre que alguém da minha equipe compartilha comigo um briefing recebido de cliente, faço perguntas com o objetivo de entender se capturamos os desejos do cliente ou se estamos efetivamente dedicados a resolver seus problemas. Por vezes, precisamos dar um passo atrás e entender com o cliente questões mais profundas. Por exemplo: certa vez um cliente nos solicitou um treinamento para ensinar sua equipe a vender produtos de maior valor agregado. Ao entrevistá-la com mais profundidade, descobri que a equipe era remunerada por volume de vendas. Expliquei que poderíamos até reforçar aspectos importantes dos produtos de alto valor agregado, explorar questões relacionadas a como conectá-los às necessidades do cliente, mas deixei claro que, enquanto a remuneração variável não fosse revista, o impacto desejado não seria alcançado. Arrisquei perder a venda de um treinamento relativamente simples de ser entregue por me preocupar com o resultado que seria alcançado pós-treinamento. Neste caso, vendemos as duas coisas: o processo de consultoria para revisão da remuneração variável e o treinamento de venda de produtos de alto valor agregado.

A relação estabelecida entre quem vende e quem compra é, certamente, influenciada por aquilo que se vende, pelos recursos disponíveis e pela reputação de uma empresa.

A ATITUDE DE UM VENDEDOR DIANTE DOS LIMITES E POSSIBILIDADES PARA ENCANTAR O CLIENTE DEVE NÃO SÓ CONSIDERAR O CONTEXTO APRESENTADO, COMO ATUAR SOBRE ELE.

Se a empresa tem poucos recursos de encantamento, você deve ser o maior deles.

Se vender é identificar necessidades, resolver problemas, realizar sonhos, estar disponível e disposto para solucionar dúvidas e entregar valor, para fidelizar um cliente é preciso fazer tudo isso com atenção aos detalhes, tratando o cliente como único e superando suas expectativas, de modo a garantir o seu sucesso.

Desafios da implementação

De fato, esta é uma etapa desafiadora, e boa parte desses desafios se deve à postura das organizações em relação aos seus clientes. No entanto, a atitude do vendedor deve conseguir gerar um impacto superior aos desafios que se apresentam.

Protagonizar a experiência de compra e agregar valor ao processo de venda é premissa para quem deseja se diferenciar num mundo digital e altamente competitivo agindo da maneira mais humanizada possível.

Muitas vezes, a etapa de fidelização não surte os efeitos desejados pelas seguintes questões:

- A cultura da empresa não valoriza a visão cliente;
- Os recursos de encantamento são limitados ou inexistentes;
- Não existe consciência por parte do vendedor quanto ao seu papel em relação ao processo de encantamento;
- O acesso ao cliente após a venda é proibido;
- A venda a qualquer custo está acima da venda sustentável;
- Não existem métricas que possibilitem avaliar a satisfação ou o sucesso do cliente;
- A política da organização limita a atuação do vendedor ao momento da venda.

Sua realidade de vendas

Aproveite que chegamos ao fim deste tópico e liste aqui algumas atividades que o ajudarão a realizar com maestria a etapa de FIDELIZAÇÃO considerando sua realidade de vendas:

_____

_____

_____

_____

_____

_____

HUMANIZ.AÇÃO

Esta última etapa não faz parte do processo de vendas que apresentei neste capítulo. Ela é o processo inteiro.

Ao discorrer sobre as sete etapas da venda, busquei explicar, numa linguagem simples, mas estruturada, o que deve acontecer de forma fluida e natural num processo de vendas. Concentrei-me em apresentar uma visão mais humanizada do jeito de vender, ou seja, aquele que considera o cliente e também o vendedor.

Relacionar-se é uma característica inerente ao ser humano. Considerar que a venda é uma relação humana e que tão importante quanto quem compra é também quem vende nos permite uma atuação coerente.

Se o exemplo é a única forma de educar, precisamos ser exemplo, e isso só será possível quando o vendedor for tratado como gostaríamos que ele tratasse nossos clientes.

Enquanto fingirmos que vender é fácil, que o único problema está em quem vende e nos apegarmos a técnicas de como fazer engessadas, pouco testadas e desconectadas, não conseguiremos ampliar a consciência das pessoas sobre o porquê elas fazem o que fazem.

Agindo assim, também estaremos sendo desrespeitosos quanto aos desafios existentes ao longo do processo. Lembro-me de um cliente que sempre me dizia: "Carol, se fosse fácil qualquer um faria", e completava: "Se fosse fácil, eu não pagaria".

É preciso reconhecer que meta é coisa da vida e que **as metas mais prazerosas de se atingir são aquelas estabelecidas por nós mesmos**. Compreender isso é ampliar a consciência, e conscientização gera engajamento. Pessoas engajadas são aquelas que estão envolvidas, que fazem parte da construção, da tomada de decisão. É preciso enxergar no vendedor muito mais do que um recurso.

Se, para sobreviver à era digital, o vendedor precisa agregar valor ao processo de venda, é necessário que ele seja empoderado. O discurso de "seja protagonista", "tenha atitude", "aja como dono", tem que estar aliado à cessão de autonomia e à geração de um ambiente de confiança.

#BORABATERMETA

Se o exemplo é a única forma de educar, precisamos ser exemplo, e isso só será possível quando o vendedor for tratado como gostaríamos que ele tratasse nossos clientes.

CAROL MANCIOLA

SE NÃO DERMOS O MELHOR DE NÓS, DIFICILMENTE CONSEGUIREMOS O MELHOR DOS OUTROS.

Meu convite, mais uma vez, é para um olhar mais contemplativo. Existe uma relação entre felicidade e produtividade, mas não tão poderosa quanto paixão e resultados. Bater meta é alcançar um resultado, e ele é mais facilmente alcançado quando existe paixão. Felicidade é alegria ao fazer, paixão é envolvimento.

Bora bater meta?

PARA BATER META

- Entender o objetivo de cada uma das etapas do processo de vendas e o fator crítico de sucesso de cada uma delas permitirá a você ter em mãos os parâmetros para saber o que fazer e por que fazer para evoluir na sua relação com o cliente.
- Considerar a visão cliente sobre esta etapa vai norteá-lo para decidir COMO fazer, considerando sua realidade de vendas.
- Compreender os desafios para implementar cada uma das etapas certamente contribuirá para que gestores e treinadores de vendas escolham os melhores recursos para desenvolver a competência de vendas em seus times.
- Segue o quadro-resumo da estrutura didática das sete etapas:

	ETAPA	OBJETIVO	FATOR CRÍTICO DE SUCESSO
HUMANIZAÇÃO	PREPARAÇÃO	Gerar segurança	Conhecimento
	APROXIMAÇÃO	Fortalecer a confiança	Interesse genuíno
	INVESTIGAÇÃO	Identificar oportunidades	Diálogo consultivo
	APRESENTAÇÃO	Agregar valor	Conexão
	NEGOCIAÇÃO	Solucionar dúvidas	Foco do cliente
	FINALIZAÇÃO	Formalizar a venda	Satisfação do cliente
	FIDELIZAÇÃO	Gerar recompra ou indicação	Sucesso do cliente

SETE

DESAFIOS DA PRIMEIRA GESTÃO COMERCIAL

DESAFIOS DA PRIMEIRA GESTÃO COMERCIAL

Se uma empresa almeja crescer, um dos seus desafios está certamente em preparar a liderança.

Promover um vendedor ao *status* de supervisor, líder ou gestor comercial, não é uma tarefa fácil. O caminho mais comum é escolher o melhor vendedor e premiá-lo com o novo cargo. Ter alta performance na função que agora irá liderar tende a legitimar o novo gestor.

No entanto, ser um bom vendedor não é garantia de ser um bom gestor. Assim como os vendedores são preparados para vender, um novo líder deve ser preparado para liderar. Não se trata de dom, de jeito, de intuição. Trata-se do desenvolvimento de uma nova competência.

Este capítulo está escrito em forma de história para promover uma maior identificação entre o que acontece na maioria dos casos e o que deveria acontecer.

Se você acabou de se tornar líder de uma equipe de vendas, se foi classificado como potencial ou se precisa promover alguém à função, recomendo que leia este capítulo com atenção.

Bora nessa?

O COMEÇO

Toda história tem um começo e esta começa quando você é promovido a gestor da equipe na qual atuava como vendedor.

Fui promovido a gestor e perdi o melhor vendedor da minha equipe, e agora?

Você sempre se dedicou bastante, aproveitou toda orientação que recebeu, estudou seus produtos, desenvolveu estratégias de vendas próprias, cultivou uma carteira de clientes sólida, bateu as metas que foram estabelecidas consistentemente e quase todos os anos foi premiado por sua performance comercial.

#BORABATERMETA

SER UM BOM VENDEDOR NÃO É GARANTIA DE SER UM BOM GESTOR.

CAROL MANCIOLA

DESAFIOS DA PRIMEIRA GESTÃO COMERCIAL

Agora, enfim, você foi promovido! Virou chefe... dos seus antigos colegas.

Você recebe a notícia com muita alegria, comemora em casa e até sai para jantar, afinal, após muitos anos de trabalho, você enfim foi reconhecido como esperava.

Seu final de semana se tornou um misto de orgulho e ansiedade.

Isso mesmo. Você começou a se sentir ansioso e a se perguntar: estou mesmo preparado?

Nesse momento, você passa a se dar conta de que, mais do que fazer seu próprio trabalho (que dependia somente de você), vai ter que conquistar resultados por meio de outras pessoas.

Cortina de fumaça

Durante toda sua vida, você fantasiou sobre liderança:
- Líderes sabem tudo.
- Manda quem pode, obedece quem tem juízo.
- Líder não trabalha, só manda.
- A liderança é solitária.
- O líder está sempre ocupado com reuniões.
- E tantas outras crenças criadas sob a perspectiva de quem nunca geriu uma equipe.

Você agora está sentado numa outra cadeira, veste um novo chapéu. Chegou a sua vez de fazer as coisas como sempre quis que fizessem com você. No entanto, são muitas as dúvidas sobre por onde começar, a coisa certa a ser feita; de repente, uma luz acende:

Preciso entregar resultados por meio de pessoas.
E a minha equipe acabou de perder o melhor vendedor: eu.

Muito além das metas

Uma das descobertas que um gestor comercial de primeira viagem faz é que o resultado não se restringe ao alcance de metas. Ele vai muito além das metas.
- É preciso entregar o faturamento e o volume, mas também cuidar de todos os outros indicadores relacionados à venda;
- Existem indicadores relacionados à gestão de pessoas como *turnover*, absenteísmo, hora extras, acidentes, férias e clima da equipe, por exemplo;

- O gestor comercial também tem que estar atento aos custos da equipe, à aprovação de relatório de despesas, ao retorno sobre investimentos realizados;
- Além disso, existem as reuniões com as áreas internas como logística, marketing e alguns comitês dos quais você precisa participar;
- E não podemos nos esquecer dos reportes diretos, indiretos e emergências que geram planilhas e mais planilhas de Excel, e apresentações em PowerPoint com gráficos que precisam ser autoexplicativos.

Isso significa que não importa entregar o resultado, existe muita coisa entre uma meta recebida e uma meta batida com louvor.

Nesse momento, alguns líderes de primeira viagem começam a se questionar se vale mesmo a pena, se não era mais fácil continuar na sua "casinha", com suas metas, seus clientes, seus desafios. O mundo novo é bem maior do que ele imaginava.

O MEIO

Agora que você compreendeu os desafios iniciais do seu novo papel, é chegada a hora de entrar em ação.

Foi dada a largada

Você passa a noite de domingo analisando os números do time, compara com os seus objetivos, olha na estante alguns livros de liderança que comprou ao longo da vida, folheia um deles, prepara uma apresentação no PowerPoint e ensaia um discurso.

Chega mais cedo no escritório na segunda e, à medida que seus "ex-colegas" o cumprimentam, você sente uma mistura de nervosismo e confiança. Os olhares de alguns parecem dizer: "Agora é que são elas", de outros: "Fulano nem era o mais preparado, mas ele sabia puxar o saco do chefe". Pensa que isso é inveja e fica procurando por aquele olhar que diga: "Esse é o cara! Com certeza vai brilhar também com esse time", ou, pelo menos, alguém que pareça dizer: "No mínimo, vai ser melhor que o chefe anterior. Era um dos nossos. Conhece nossa dor".

Você revisa mentalmente seu discurso, puxa assunto sobre o final de semana, oferece um café. Esforça-se para ser o mesmo de sempre.

Um líder de primeira viagem

Assim como mães de "primeira viagem", líderes de primeira viagem costumam receber conselhos de todos os lados, inclusive de quem não é mãe, ou, no caso, de quem nunca foi líder. Todos têm uma opinião formada sobre como agir, o que falar, quem promover, quem demitir, até que alguém lhe diz: "Siga seu coração". E você acredita.

Sem dúvida, assim como o instinto materno desperta com a chegada do rebento, a liderança também tem seu lado instintivo. Como mãe, durante nove meses você matura a ideia da maternidade, lê a respeito (hoje mais do que nunca) e se prepara. Os líderes de primeira viagem nem sempre têm essa chance. Como eles também eram muitas vezes conduzidos por líderes de primeira viagem, o sentimento de incapacidade sobre a gestão vai de encontro ao sentimento de capacidade sobre a operação. Isso pode gerar o pior dos cenários: o novo gestor arregaça as mangas e decide ajudar seus colaboradores a vender.

Era uma vez

Ao se tornar líder de uma equipe, em teoria você deveria sair da operação e, para compensar a perda de um profissional como você na equipe, atuar com foco no desenvolvimento de outros profissionais de alta performance. Esse é seu plano inicial.

Você conversa com o RH e entende as alternativas externas de treinamento e desenvolvimento, assina uma *newsletter* com foco em gestão de pessoas, elabora um cronograma de acompanhamento da equipe.

Mas liderar é equilibrar pessoas e resultados, e aí surge a seguinte questão:

A cobrança por metas começa a valer no primeiro dia de sua gestão. Não existe período "café com leite", não lhe dão um crachá "em treinamento", você é escalado para jogar, ou melhor, para atuar como técnico de uma seleção campeã.

Nesse momento, você mesmo começa a questionar seu plano que parecia infalível:

- Quanto tempo será necessário para formar um time capaz de, sem seu melhor vendedor, alcançar os resultados estipulados pela companhia?

- Consigo me dividir entre gerir o time e cuidar diretamente dos principais clientes?
- Será que, em vez de ensinar a fazer, não seja melhor que eles me vejam fazendo?

Atuar como técnico e atacante é algo tentador. Se você cai na tentação, dificilmente sairá dela. Enquanto os resultados da sua equipe forem bons com sua ajuda, você não vai pensar em motivos para mudar sua estratégia.

E mesmo quando você está entregando o resultado, acontece que...
Resultados bons podem estar camuflando processos ruins. E quando o processo é ruim, alguma coisa não vai tão bem.

Por isso, é preciso olhar para o processo também no momento em que o resultado está bom. O paradigma de que em time que está ganhando não se mexe há tempos deixou de ser uma verdade universal.

Para identificar a qualidade do seu processo, sugiro que você se faça algumas perguntas e observe algumas questões.

- Você se sente exausto por ter que trabalhar demais?
- Os clientes demandam sua presença constantemente?
- Você precisa se envolver em diversas fases da venda para que ela aconteça?
- Você reclama de não ter tempo para participar de tantas reuniões internas e preparar tantas apresentações?
- Há tempos você faz não faz seu próprio relatório de despesas?
- Todas as vezes que a meta aumenta, a equipe reclama e diz não ser capaz de alcançá-la?
- Você estica a corda das pessoas até o limite?
- Há tempos você não promove (ou participa) de uma *happy hour* ou comemora os resultados com a equipe?
- A segunda-feira lhe parece uma tortura?
- Você sabe quem o substituirá nas férias?

Se você respondeu sim para pelo menos metade dessas questões, isso implica um sinal de alerta.

É provável que seu modelo de gestão não seja sustentável, por mais que ele pareça funcionar. O modelo pode até estar sendo eficaz por proporcionar resultado, mas não é eficiente por estar à beira de um colapso geral.

#BORABATERMETA

RESULTADOS BONS PODEM ESTAR CAMUFLANDO PROCESSOS RUINS.

CAROL MANCIOLA

#BORABATERMETA

Onde foi que eu errei?

A essa altura, você deve estar se perguntando: o que eu fiz de errado? Aliás: eu fiz alguma coisa errada? Trabalhei duro, dediquei-me mais do que nunca, bati metas com meu time, todos estão felizes com o aumento da remuneração variável...?

Será?

Não tenho dúvidas de que tudo isso é verdade e que você atuou com a melhor das intenções. Acontece que você, provavelmente, frustrou expectativas que, inclusive, você mesmo devia desconhecer.

Faça comigo a seguinte reflexão: pense no líder que mais o inspirou, que mais o fez crescer. Pense naquela pessoa que é (ou era) para você um exemplo de líder.

Pensou?

.
.
.
.
.

Agora responda sem pensar: qual a principal característica dessa pessoa? O que ela fazia que o inspirava a fazer mais e melhor? Como era sua relação com ela?

_____

É isso!

E mais: se essa mesma pergunta fosse feita para o seu time, qual seria a resposta?

Percebeu onde está a inconsistência?

A BUSCA INCANSÁVEL POR UM FINAL FELIZ

Só quando você começa a reconhecer quem é, passa a ser possível iniciar a jornada de ser quem você deseja ser. Só mudamos aquilo que conhecemos. Só fazemos aquilo que compreendemos.

O "por que", o "para que" e o "como"

Você virou o líder (o chefe, o supervisor, o gerente, enfim…) porque era o melhor. Tiraram-no da posição na qual você atuava sozinho e fazia bonito porque acreditaram que você seria capaz de reproduzir a performance de vendas como líder, confere?

No livro *Muito além da hierarquia*[45], Pedro Mandelli apresenta o conceito do triturador de talentos: "Antigamente, as empresas promoviam as pessoas mais talentosas e lhes davam mais recursos. Hoje, as empresas continuam promovendo, mas, em vez de mais recursos, elas lhes dão mais trabalho".

Fez sentido para você?

É possível observar que uma pessoa entrou no triturador de talentos quando ela passa boa parte do seu tempo apagando incêndios e "se virando nos 30" para dar conta de cada vez mais trabalho, em vez de se dedicar a tarefas cujo objetivo é reduzir a carga de trabalho.

Você age porque alguém disse que você era capaz. Você faz porque aceitou fazer. Você se desdobra porque tem que entregar o resultado. **Algumas pessoas se apegam tanto ao "por que" que esquecem que existe um "para que"**.

O por que lhe permite entender os motivos que o fizeram ser promovido, ser o escolhido, chegar até aqui. Mas eles estão no passado. É sempre importante lembrar que:

AQUILO QUE NOS TROUXE ATÉ AQUI QUASE SEMPRE É INSUFICIENTE PARA NOS LEVAR MAIS LONGE.

E aqui mora o para que. Deram-me esse cargo, tiraram-me da minha zona de conforto, arriscaram perder um bom vendedor. *Para quê?*

Para que você desenvolvesse outras pessoas. Para que você multiplicasse seu conhecimento. Para que você ampliasse sua atuação.

A questão aqui é: *como?*

Uma premissa importante é entender que, para ensinar, treinar ou desenvolver alguém, não basta ter conhecimento. Isso é premissa. Assim como na venda, é preciso ampliar a visão sobre as características do produto e enxergar as limitações de quem vende, os desafios do contexto, o cliente e o processo, e na liderança acontece o mesmo.

Pense no produto ou serviço que você vendia. Bastava ele ser bom ou você precisava se esforçar para acessar pessoas que se interessassem pelas suas aplicações e criar valor para elas?

O mesmo acontece com pessoas.

O líder que transforma

É certo que você precisará se transformar para conseguir transformar outras pessoas.

Esse "liderar pelo exemplo", de que tanto falam, não é simplesmente vender bem e gerar exemplo para equipe de como se faz. É gerar exemplo dentro daquilo que esperam de você como líder. A expectativa do time não é de que você os ajude a vender, é que você os ensine a fazer isso melhor.

Que tal revisitar o processo de vendas sob a perspectiva da liderança? Em vendas, expliquei que aquilo que você vende não é uma decisão sua, mas como você vende, sim. Na liderança, principalmente na primeira gestão, acontece o mesmo: você recebe o time, os recursos e a meta. Não é uma decisão sua. Mas como agir para conectar pessoas e resultados, é.

1. Prepare-se

Busque informações sobre o time para saber com quem está falando. Histórico de vendas, produtos que mais vendiam, o que nunca conseguiram vender, e tenha muita clareza dos desafios da sua empresa que impactam diretamente na performance do time (achar que só a performance deles é impeditiva para o alcance dos resultados não vai gerar a empatia necessária para ajudá-los a superar). Tenha fundamentos para iniciar uma conversa franca.

2. Aproxime-se

Você certamente possuía algumas percepções sobre seus colegas, mas agora eles não são mais seus "colegas". Eles fazem parte da sua equipe.

Chegue perto, entendendo que cada um é diferente e que "atrás" de cada colaborador existe uma pessoa. Escolha uma abordagem para criar relevância na aproximação. Algo que desperte o interesse de cada indivíduo pela conversa.

3. Investigue-os
Faça perguntas, perguntas e mais perguntas. Antes de sair inferindo, concentre-se em entender os desafios e a história de cada um. Promova o diálogo consultivo pondo-se na postura de parceiro da meta, lembrando-se não somente das metas comerciais, mas que meta é coisa da vida.

4. Apresente soluções que geram valor
Ao dar "dicas", deixe de lado a abordagem modeladora do tipo: "Quando eu era vendedor...". Promova a conexão entre os problemas que eles precisam resolver, ou sonhos que desejam realizar, com o que a alta performance em vendas tem a lhes oferecer. Lembre-se de que as pessoas não querem ser tratadas como você gostaria de ser tratado, mas, sim, como elas gostariam de ser tratadas. Ou seja, o que serve para um não serve para outro. Personalize o plano de desenvolvimento.

5. Negocie/Argumente/Solucione objeções
Ao perceber que determinada abordagem não criou valor, volte duas casas e faça mais perguntas. Algo não ficou claro o suficiente e demanda mais entendimento. Lembre-se: a objeção não é a você, é à mudança. Você está lidando com pessoas e tem o objetivo de torná-las melhores do que são. Conversas difíceis são necessárias, e só a partir delas uma solução voltada para o bem comum será encontrada e acatada.

6. Feche acordos
Crie compromissos, estipule prazos e calibre expectativas. É importante ter clareza de que as coisas não se resolvem de uma só vez. O ciclo de desenvolvimento é como o ciclo de vendas: cada contato precisa gerar um avanço.

7. Fidelize
Como líder, seu desafio não é criar seguidores, mas, sim, criar novos líderes. No seu caso, novos líderes de vendas! Para isso, como num processo de gestão de clientes, é preciso planejar cada *approach*, chegar

junto por meio de *coaching* e *feedback*, acompanhar a evolução e agir proativamente, reconhecendo e corrigindo.

8. Humanize-se
Lembre-se de que, por trás de cada colaborador, existe uma pessoa e lembre-se, também, de que você é gente. Liderança é uma relação de gente lidando com gente.

Fim da história
Existe uma frase atribuída a Chico Xavier que gosto muito quando se trata de finais: "Ninguém pode voltar atrás e fazer um novo começo, mas qualquer um pode começar agora e fazer um novo fim".

Se você de fato deseja exercer sua liderança em toda sua amplitude, precisará tomar decisões, estar disposto a implementá-las e ter disciplina suficiente para não cair em tentações.

Que tal um novo começo?

PARA BATER META

- Ser um bom vendedor não é garantia de ser um bom gestor.
- Mais do que fazer seu próprio trabalho (que dependia somente de você), o gestor comercial tem que conquistar resultados por meio de outras pessoas.
- Ao se tornar líder, seu desafio é desenvolver outros profissionais de alta performance.
- É preciso olhar para o processo também no momento em que o resultado está satisfatório.
- Um líder primeiro precisa se transformar para conseguir transformar outras pessoas.
- O produto do líder é desenvolvimento das pessoas, a meta é a meta da equipe e o cliente é a própria equipe. O processo de vendas é um excelente ponto de partida quando realizado sob a perspectiva da liderança.
- Se há desejo, decisão, disposição e disciplina, sempre é possível recomeçar.

OITO

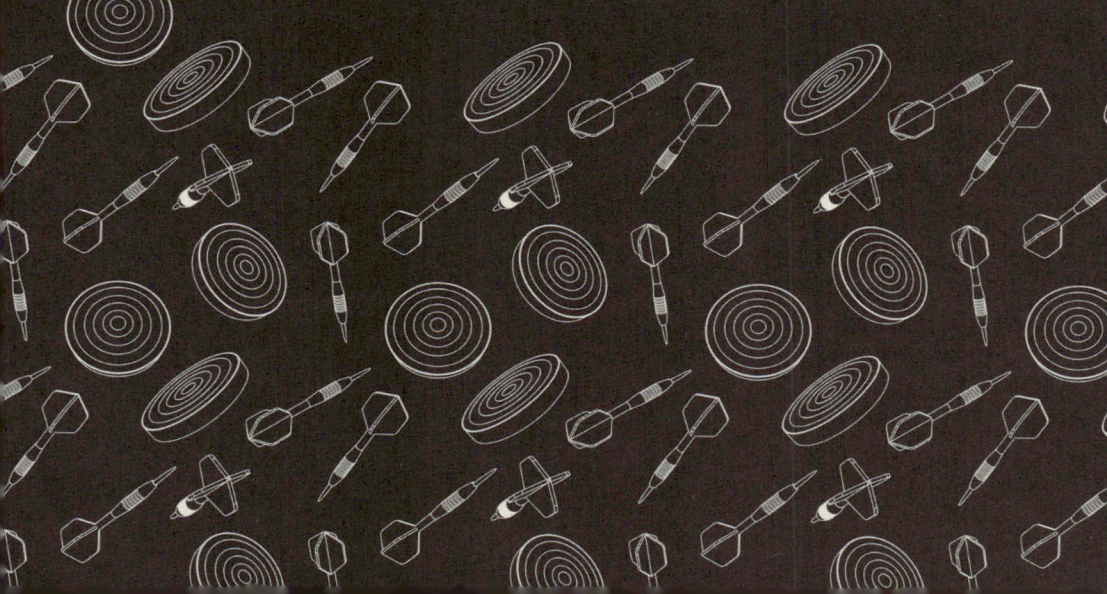

O PAPEL DA GESTÃO COMERCIAL

O PAPEL DA GESTÃO COMERCIAL

Imagine gerir uma equipe cujos resultados são aferidos diariamente, equipe com a qual você tem pouco contato frente a frente, com formação altamente diversificada, com raríssimos membros com especialização na sua área e que, em alguns casos, nunca pôs os pés na matriz da empresa?

Se liderar não é tarefa fácil, liderar equipes de vendas por esses e outros motivos é algo ainda mais desafiador.

Em 2018, fiz uma pesquisa com meus seguidores no LinkedIn com a seguinte questão:

O que as empresas esperam dos líderes comerciais?
A) Que desenvolvam novos líderes.
B) Que sejam inspiradores para o time.
C) Que mantenham boas relações com outras áreas.
D) Que entreguem os resultados (batam as metas).

Dos quase trezentos respondentes, todos os que assinalaram as alternativas A, B ou C o fizeram justificando sua resposta. Incluí essa mesma questão nos diversos workshops de liderança comercial que ministro para empresas de diversos segmentos, e o padrão se repetiu e o debate aumentou.

Claro que não existe resposta certa ou errada, já que cada empresa tem seus valores e diretrizes, mas ao longo dos meus dezessete anos atuando diretamente com a área comercial, nunca vi um líder de vendas se sustentar mesmo cumprindo brilhantemente os três primeiros itens da pesquisa se ele não cumprir também o item D.

Entregar resultados é premissa para se manter na liderança de um time de vendas. Mas, claro, não é só isso que uma empresa espera de alguém que ocupa um cargo de gestão. Esse não é um comportamento sustentável.

Segundo o Sales Readiness Group[46], nas empresas de alto desempenho, os líderes comerciais:

- Passam mais tempo treinando suas equipes.
- Possuem confiança e respeito da organização.
- São melhores no gerenciamento de desempenho de vendas.
- Recebem mais investimento em seu desenvolvimento.
- São bons em recrutar e contratar vendedores.

#BORABATERMETA

NAS EMPRESAS DE ALTO DESEMPENHO OS
#LÍDERESCOMERCIAIS:

PASSAM MAIS TEMPO TREINANDO SUAS EQUIPES	POSSUEM CONFIANÇA E RESPEITO DA ORGANIZAÇÃO	SÃO MELHORES NO GERENCIAMENTO DE DESEMPENHO DE VENDAS	RECEBEM MAIS INVESTIMENTO EM SEU DESENVOLVIMENTO	SÃO BONS EM RECRUTAR E CONTRATAR VENDEDORES

2017 SALES MANAGEMENT RESEARCH REPORT: Five Hallmarks of High-Impact Sales Organizations.

Isso significa que eles exercem a liderança em toda sua amplitude e compreendem que seu papel não é entregar o resultado por si, mas por meio de uma equipe preparada, contando, para isso, com os diversos subsistemas da organização que podem apoiá-los nesse processo.

Como este não é um livro sobre liderança, mas liderança é algo fundamental para a melhoria do desempenho do time de vendas, vou me ater aos aspectos que considero imprescindíveis para liderar uma equipe de vendas.

Mais uma vez farei uso de um clássico, que aqui será o PDCA[47].

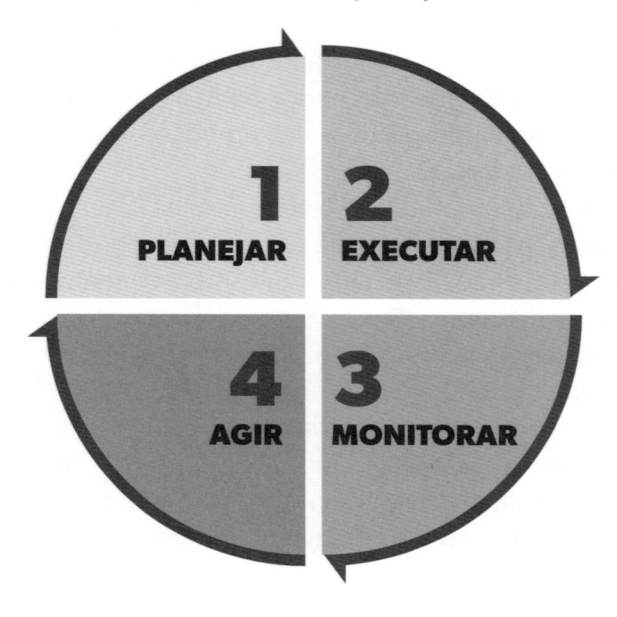

1 PLANEJAR
2 EXECUTAR
3 MONITORAR
4 AGIR

PLANEJAMENTO

O planejamento comercial é o elo entre a estratégia e a execução, por isso me refiro a ele como estratégia de execução.

Conseguir que as coisas sejam feitas por meio dos outros é uma habilidade primordial da liderança. Enquanto alguns líderes atuam na microgestão, outros abandonam a equipe. A estratégia de execução permite uma atuação com direção; ao mesmo tempo, para que ela seja bem elaborada, é preciso planejar.

Gestão da rotina

O planejamento do líder deve começar pela gestão do seu tempo. Costumo dizer que:

> **NÃO É POSSÍVEL DETERMINAR O QUE O TEMPO FAZ COM A GENTE, MAS É POSSÍVEL DELIBERAR SOBRE O QUE FAZEMOS COM O TEMPO.**

Estabelecer uma agenda positiva na qual tarefas importantes e não urgentes sejam priorizadas é fundamental. Essa agenda deve contemplar tarefas administrativas, desenvolvimento pessoal, equipe e clientes, e seguir uma proporção adequada ao alcance dos resultados.

Uma sugestão é fazer um levantamento das atividades diárias, semanais, mensais e anuais, e organizar um calendário com atividades fixas e outras negociáveis. Uma rotina traz muitos benefícios com uma visão mais ampla das tarefas e que considera seu impacto no curto, no médio e no longo prazos, além de foco, priorização e melhoria na qualidade de vida.

Priorização dos problemas

É comum que as atividades mais prazerosas, mais fáceis, mais urgentes e que sejam realizadas de forma independente sejam priorizadas.

#BORABATERMETA

A matriz GUT[48] é uma ferramenta poderosa quando o assunto é priorização. Ela considera três atributos para classificação de problemas:

Gravidade: é analisada pela consideração da intensidade ou do impacto que o problema pode causar se não for solucionado. Tais danos podem ser avaliados quantitativa ou qualitativamente. Um problema grave pode ocasionar falência da sua empresa, perda de clientes importantes ou mesmo danificação da imagem pública da organização.

Urgência: é analisada pela pressão do tempo que existe para resolver determinada situação. Basicamente, leva em conta o prazo para se resolver um dado problema. Pode se considerar como problemas urgentes prazos definidos por lei ou o tempo de resposta para clientes.

Tendência: é analisada pelo padrão ou tendência de evolução da situação. Você pode analisar um problema, considerando o desenvolvimento que ele terá na ausência de uma ação efetiva para solucioná-lo. Representa o potencial de crescimento do problema, a probabilidade de o problema se tornar maior com o passar do tempo.

A aplicação da matriz é relativamente simples e pode ser feita por meio dos seguintes passos:

1. Listar os problemas;
2. Classificar os problemas de 1 a 5 por atributo;
3. Multiplicar os atributos e analisar os resultados. A priorização de resolução dos problemas deve seguir a classificação, sendo o de maior número o primeiro e assim por diante.

ATRIBUTO	1	2	3	4	5
GRAVIDADE	Sem gravidade	Pouco grave	Grave	Muito grave	Extremamente grave
URGÊNCIA	Pode esperar	Pouco urgente	Urgente	Muito urgente	Necessidade de ação imediata
TENDÊNCIA	Não irá mudar	Irá piorar no longo prazo	Irá piorar no médio prazo	Irá piorar no curto prazo	Irá piorar rapidamente

PROBLEMA	G	U	T	GUT

Elaboração do plano

O gestor comercial deve ter SEU plano e o plano para cada um dos seus liderados.

Nos dois casos, é importante que, a partir da priorização do problema, seja estabelecida uma meta e que o plano seja coerente ao seu alcance.

A metodologia mais comum para o estabelecimento de metas é a SMART. E, para elaboração de um plano, a 5W2H.

Imagine que, após a realização da análise GUT, você definiu que o problema que será priorizado no momento é quanto ao ticket médio.

A partir dai, é preciso estabelecer uma meta SMART: "Aumentar o ticket médio dos clientes em 10% nos próximos doze meses".

- **S** – Específico: aumentar o ticket médio.
- **M** – Mensurável: 10%.
- **A** – Alcançável: no ano passado, a empresa aumentou o ticket médio em 6%. Este ano, o percentual de 10% poderá ser alcançado por conta de dois lançamentos.
- **R** – Relevante: aumentar o ticket médio em 10% faz ampliar o *share of space* no PDV e nos ajuda a bloquear a concorrência
- **T** – Tempo: doze meses.

O plano de ação está relacionado à execução da estratégia para entregar a meta. Por meio dele, fica claro o que se espera de cada colaborador e os recursos necessários para pôr em prática todas as ações previstas. Nesse sentido, a ferramenta 5W2H costuma ser muito útil durante esta etapa.

#BORABATERMETA

5W2H

- **O QUÊ** (what?) — objetivo, meta
- **POR QUÊ** (why) — motivo, benefício
- **QUEM** (who) — responsável, equipe
- **QUANTO** (how much) — custo ou quantidade
- **COMO** (how) — atividades, processo
- **QUANDO** (when) — data, cronograma
- **ONDE** (where) — local, departamento

Responder a essas perguntas estende a visão sobre as atividades necessárias, a estrutura de ação, e torna a estratégia de execução mais eficiente.

O importante nesse processo não é qual ferramenta você irá utilizar ou se irá estabelecer suas metas e desdobrar seu plano num papel de pão ou no computador, mas reforçar a importância da clareza de objetivo e de um plano para alcançá-los.

Como gestor comercial, seus desafios e demandas são muitos. **Sem um plano, você não será produtivo e muito menos efetivo**.

Definido o caminho

O PLANEJAMENTO É A FORMA COMO VOCÊ SAIRÁ DO ESTADO ATUAL PARA O ESTADO DESEJADO.

É importante considerar que esse caminho não é uma linha reta e que diversas questões precisam ser consideradas, como:

- Desafios do contexto (mercado, economia, concorrentes);
- Responsáveis pela execução: competências necessárias às pessoas que irão executar o plano, bem como suas motivações;
- Recursos: o que será necessário para que o plano dê certo. O desafio aqui é planejar, considerando os recursos atuais, ou incluir no plano como os recursos necessários serão adquiridos.

Conhecer os desafios da implementação tornará possível a execução.

EXECUÇÃO

Segundo Larry Bossidy e Ram Charan, autores do livro *Execução*[49], nenhuma estratégia que valha a pena pode ser planejada sem levar em conta a habilidade da organização para executá-la. Execução não é simplesmente fazer acontecer, é COMO fazer acontecer. É a principal tarefa do líder da empresa e deve ser um elemento-chave de sua cultura. Se você não sabe executar, o todo de seus esforços como líder sempre será menor do que a soma das partes.

Largando o osso

Um dos grandes desafios dos líderes comerciais é resistir a fazer a venda pela equipe. Pode parecer loucura, mas muitos líderes de vendas acreditam que seu papel quando acompanham seus times é o de ajudá-los em seus resultados e, para isso, realizam a venda.

"Se o time me observar fazendo, aprenderá a fazer", alguns afirmam. Ledo engano. A melhorar maneira de aprender é fazendo, e não observando.

Sendo assim, o gestor comercial precisa se apropriar do seu papel que é o de liderar e não de vender.

O líder na execução do vendedor

A execução do vendedor é a implementação do processo de vendas. O papel do líder nesse momento é o de observar o seu time interagindo com os clientes.

Para isso, é preciso que sejam superados alguns desafios, como:
- Criação de uma rotina de acompanhamento da equipe;
- Resistir à tentação de entrar na venda e atuar na observação da atuação do time, não fazendo a venda por eles;

- Coletar evidências que permitam a disseminação de melhores práticas (afinal, o líder também pode e deve aprender com o liderado) ou orientações de como fazer melhor ou diferente;
- Manter o foco no time aproveitando, inclusive, momentos de espera para realização do treinamento *on the job*.

Para maximizar esse processo, é importante que o líder aja de forma coerente, fazendo com o time o que ele deseja que o time faça com o cliente. Assim, quando decidir acompanhar um membro da sua equipe, é importante que você:

- Planeje: observe o histórico de vendas do vendedor e cheque quais atividades ele tem planejadas para aquele dia;
- Combine o jogo: alinhe com o vendedor qual será sua postura ao longo do dia em relação aos clientes. Isso o deixará menos ansioso e certamente menos pressionado pela sua presença. Deixe claro que seu objetivo é ajudá-lo a vender mais, mas que você fará isso por meio do seu desenvolvimento, pois a ideia é que ele seja capaz de atingir seus resultados mesmo sem sua presença;
- Defina um objetivo em conjunto: quem tem "prioridades" não tem "prioridade", já dizia Mario Sérgio Cortella. Escolha em conjunto com um vendedor um ponto de desenvolvimento que será trabalhado naquele dia e foque sua atenção (e seus *feedbacks* nele);
- Constate padrões: antes de dar um *feedback*, é importante observar a recorrência de um determinado comportamento. Com evidências, qualquer *feedback* é mais efetivo.

Muito mais importante do que equilibrar seu tempo entre vendedores de alta e baixa performance é maximizar o seu tempo ao lado deles. A qualidade do tempo que você dedica à sua equipe faz toda diferença, lembrando que o que vale para um nem sempre vale para o outro. Personalize sua liderança.

Outro aspecto importante do processo de desenvolvimento é a frequência e a sequência. Estabeleça o "giro da equipe", ou seja, de quanto em quanto tempo você deverá ter acompanhado todos os seus liderados. Garanta a conexão entre os encontros e observe a evolução da sua equipe fazendo, a cada acompanhamento, um resgate do último encontro e costurando um processo de evolução de desempenho.

#BORABATERMETA

MUITO MAIS IMPORTANTE DO QUE EQUILIBRAR SEU TEMPO ENTRE VENDEDORES DE ALTA E BAIXA PERFORMANCE É MAXIMIZAR O SEU TEMPO AO LADO DELES.

CAROL MANCIOLA

A execução do líder

Além de acompanhar a execução do time na ponta, cabe ao líder de vendas realizar uma série de outras atividades. Segundo pesquisa do Sales Readiness Group[46], os gestores comerciais de alta performance (leia-se: aqueles que entregam resultado com constância) atuam executando as seguintes atividades:

- Definição de estratégia de vendas e comunicação das expectativas;
- Retenção dos vendedores de alta performance;
- Avaliação criteriosa das competências da equipe;
- Seleção de vendedores de alta performance;
- Treinamento de novos colaboradores e desenvolvimento dos atuais;
- Definição de metas de desempenho desafiadoras, mas realistas;
- Tomada de decisões importantes de forma ponderada.

A própria execução do ciclo PDCA é uma tarefa do líder.
O novo papel do líder[50] é:

- Mudar o foco das tarefas para as pessoas;
- Falar menos e ouvir mais;
- Focar menos no fazer e mais no delegar e engajar;
- Mudar o *mindset* de "manda quem pode, obedece quem tem juízo" para o de fonte de inspiração.

	DAS TAREFAS	PARA	PESSOAS
	DE FALAR	PARA	OUVIR
	DE FAZER	PARA	DELEGAR E ENGAJAR
	DE MANDAR	PARA	INSPIRAR

MONITORAMENTO

Num primeiro momento, essa palavra pode causar estranheza. Monitorar lembra as palavras vigiar ou controlar, e não parece algo positivo. O aspecto que desejo reforçar aqui sobre o monitoramento é o do acompanhamento, da medição, da verificação da evolução, do crescimento ou não. **Só podemos atuar sobre aquilo que conhecemos**.

Como diria Deming, "aquilo que não é medido não pode ser gerenciado", e, mais uma vez aqui, estamos falando de gestão como combinação de recursos, processos e pessoas para se atingir determinado objetivo, neste caso, organizacional.

Mas medir o quê?

O olhar do líder comercial deve recair sobre as pessoas e sobre os indicadores de vendas. Uma coisa não existe sem a outra.

Um painel de gestão à vista costuma deixar expostos os indicadores do time como: volume, faturamento, ticket médio, positivação de clientes, peças por atendimento etc. Todos eles são importantes e devem ser observados não somente quando crescem ou diminuem, mas também quando ficam estáveis. Cada número quer dizer alguma coisa.

O papel do líder aqui não é ficar olhando para a paisagem, mas atuar sobre ela. Costumo dizer que, no mundo ideal, cada vendedor deveria ter seu boletim. De acordo com suas notas, saberíamos em quais matérias ele precisaria de reforço e quais matérias ele poderia ensinar.

Um vendedor que a bate a meta de volume, mas não de rentabilidade, tem algo para aprender e algo para ensinar.

Medir por quê?

O papel do gestor não é cobrar a performance no indicador, mas apoiar a melhoria na performance em cada um deles. Isso significa que, quando algum vendedor não está indo bem, a primeira coisa a ser feita não é cobrar melhorias, mas entender por quê.

Normalmente temos três motivos para a baixa performance:
1. Desejo: não quer melhorar ou não entende por que deve melhorar;
2. Desconhecimento: não sabe o que melhorar ou como fazer melhor;
3. Disciplina: não há nenhum tipo de reconhecimento sobre quem faz bem, e como dá trabalho, não é feito.

O papel do líder deve ser coerente a cada um dos motivos:
- Se o vendedor não quer melhorar, o papel do líder é inspirar;
- Se o vendedor não sabe como melhorar, o papel do líder é ensinar;
- Se o vendedor não tem disciplina, o papel do líder é acompanhar e reconhecer, ou seja, gerenciar.

POR QUE UMA MUDANÇA DE COMPORTAMENTO NÃO ACONTECE?

DESEJO	DESCONHECIMENTO	DISCIPLINA
INSPIRAR	ENSINAR	GERENCIAR

A partir do momento em que um plano é traçado e começa a ser executado, é fundamental que haja o processo de monitoramento: o que está dando certo se mantém, o que não, deve ser alterado.

Como líder, você só poderá atuar no como e se souber o "o que" e "o por que". O "o que" são os indicadores, "o como", os comportamentos, e o "por que", as motivações. Mas lembre-se: motivação vem de dentro, inspiração vem de fora. Você será capaz de inspirar seu time, mas, para isso, precisa agir demonstrando interesse genuíno na pessoa que existe por trás de cada vendedor, e ser exemplo por meio da ação coerente.

Resultado, planejamento e execução

Utilizar uma matriz de diagnóstico permite compreender em qual aspecto o gestor precisa mergulhar.

O primeiro aspecto a ser observado é o resultado, ou seja, os indicadores, os números. Se eles são bons, é importante avaliar se há possibilidade de torná-los ainda melhores. Se eles são ruins, é preciso avaliar se o plano foi bem traçado.

Se o plano foi mal traçado, o desafio é rever o plano. Agora, se o resultado está ruim e o plano é bom, o problema provavelmente está na execução.

Uma execução bem-feita, com um plano bem-feito e um resultado ruim, não existe. Algo está errado na análise e precisa de uma investigação mais profunda. Mas quando se conclui que o problema está na execução, é preciso entender se a questão é competência do indivíduo na execução, se o processo está colaborando ou atrapalhando ou se os recursos necessários ao alcance dos resultados e que estavam previstos no planejamento estão disponíveis.

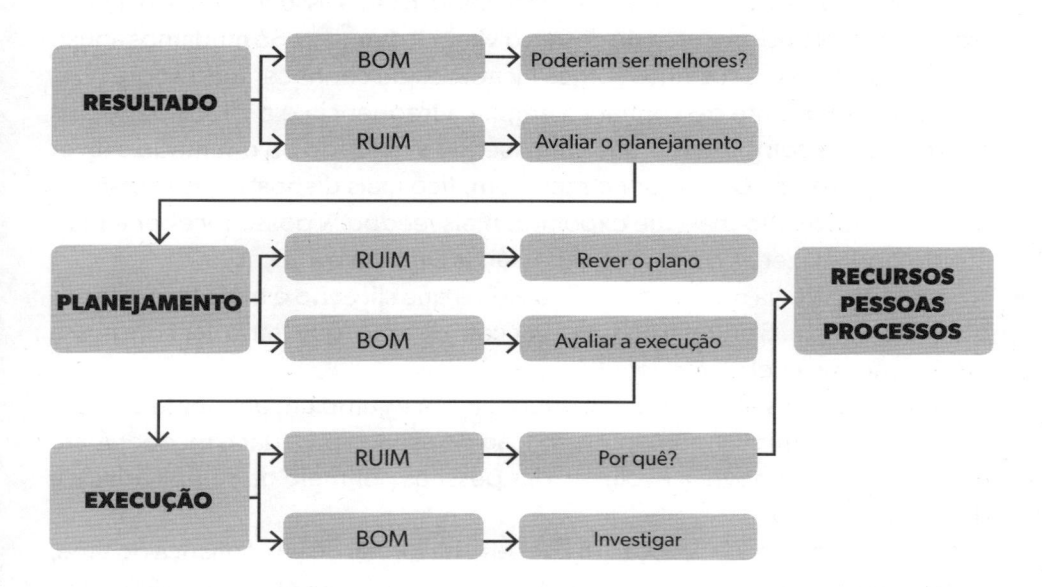

```
RESULTADO ─┬─► BOM  ─► Poderiam ser melhores?
           └─► RUIM ─► Avaliar o planejamento
                         │
                         ▼
PLANEJAMENTO ─┬─► RUIM ─► Rever o plano
              └─► BOM  ─► Avaliar a execução ─► RECURSOS / PESSOAS / PROCESSOS
                           │
                           ▼
EXECUÇÃO ─┬─► RUIM ─► Por quê?
          └─► BOM  ─► Investigar
```

Para cada ação, uma reação. O importante é se lembrar de rever o plano e não a meta.

AÇÃO

As pessoas não nos enxergam exatamente como somos, elas nos enxergam a partir de suas lentes sob aquilo que comunicamos.

Assim, o líder tem o desafio de manter um processo de comunicação estruturado e pensado. Isso é bem diferente de formal. É importante lembrar que informações e orientações devem ser feitas aos liderados e que suas queixas e reclamações devem ser reservadas para quem as possa resolver. Definitivamente, é fundamental que o time, de uma maneira geral, adote a prática de reclamar apenas para quem tem o poder de resolver.

Como afirma Simon Sinek: "Liderança é um modo de pensar, um modo de agir e, acima de tudo, uma maneira de se comunicar".

O poder do *feedback*

É aqui que entra o *feedback*, essa ferramenta poderosa, que, quando bem utilizada, potencializa relações e resultados.

São muitas as teorias, técnicas e estudos sobre o tema. Isso só reforça o quanto ele é importante no processo de desenvolvimento humano. Só mudamos aquilo que conhecemos, e sozinhos somos incapazes de conhecer tudo sobre nós.

Criar um ambiente de confiança amplia a frequência e a intensidade dos *feedbacks*. Se compreendo que estou sendo sinalizado ou orientado a fazer diferente porque o outro quer o meu bem, fico mais disposta a me arriscar e a me expor. Quanto mais me exponho, mais *feedback* posso receber e mais rápido posso fazer as correções necessárias à minha evolução.

Se tem uma coisa que apendi nesta vida é que **direção é mais importante que velocidade**. E orientação tem a ver com direção, que tem a ver com nossa disposição de receber *feedback*.

O líder precisa ser capaz de criar junto a sua equipe um ambiente de confiança. Isso não implica somente a criação de espaço para dar e receber *feedback*, mas de promover a evolução das pessoas por meio da cumplicidade e do conhecimento.

Por vezes, no calor da emoção, o líder erra na forma. Se há confiança do time, eles podem até discordar da forma (e ter espaço para conversar com a liderança sobre isso), mas eles nunca devem duvidar da intenção positiva do líder ao fazê-lo.

Um jeito mais humano de dar *feedback*

Se, por um lado, algumas pessoas preferem complicar o processo para se valorizar, de minha parte prefiro simplificar para gerar valor.

> **UNS PREFEREM COMPLICAR PARA SE VALORIZAR. EU PREFIRO SIMPLIFICAR PARA GERAR VALOR.**

O método que exponho aqui é fruto de muitas leituras, teorias, mas principalmente do meu exercício de liderança. Ao longo da minha carreira, já liderei muitos times. Observando o que funcionava e o que não gerava no time o resultado esperado, elaborei meu próprio jeito de dar *feedback*.

Estou convencida de que, mais importante do que o que fazemos, é o impacto que causamos nas pessoas e nos resultados.

Sendo assim, o primeiro passo é checar a consciência.

O PAPEL DA GESTÃO COMERCIAL

A pessoa tem consciência do que acabou de fazer?
Se sim, vá para a próxima etapa. Se não, torne consciente a ação.
O segundo passo é checar a compreensão do impacto.
A pessoa percebeu o que causou por meio do seu comportamento?
Se sim, vá para a próxima etapa. Se não, discuta junto com ela os possíveis impactos causados pelo comportamento.
E o último passo tem a ver com educação.
A pessoa sabe como fazer diferente?
Se sim, avalie junto com ela se o jeito adotado é o melhor diante da expectativa de resultados. Se não, oriente a pessoa sobre como fazer diferente. E observe. Reconheça se ela agiu corretamente. Se não, reinicie o processo.

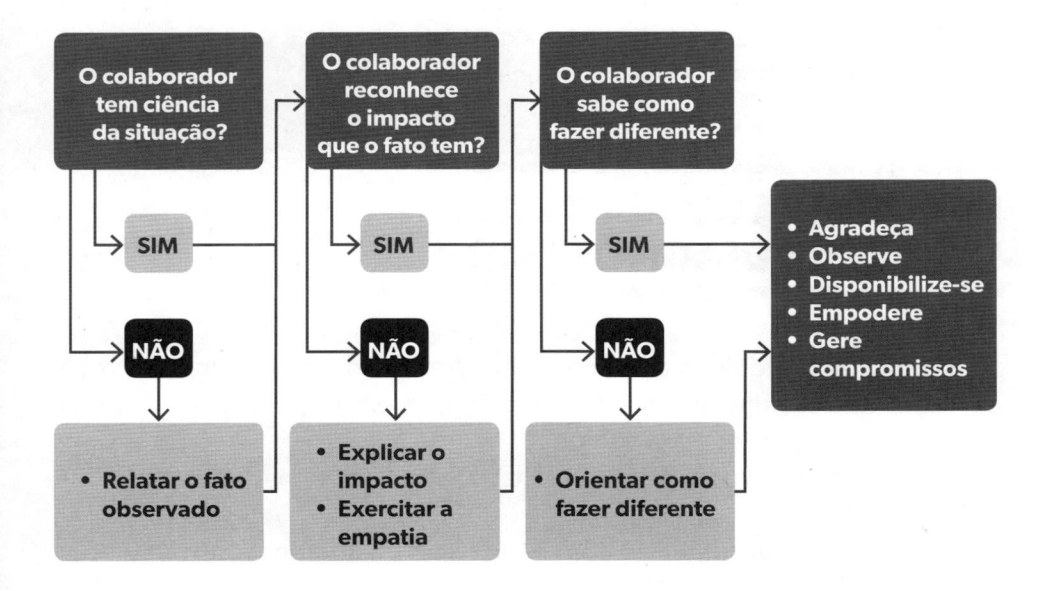

```
┌─────────────────┐      ┌─────────────────┐      ┌─────────────────┐
│ O colaborador   │      │ O colaborador   │      │ O colaborador   │
│ tem ciência     │ ──>  │ reconhece       │ ──>  │ sabe como       │
│ da situação?    │      │ o impacto       │      │ fazer diferente?│
│                 │      │ que o fato tem? │      │                 │
└─────────────────┘      └─────────────────┘      └─────────────────┘
    │                        │                        │
    ├─> SIM ─────────────────┤                        │
    │                        ├─> SIM ─────────────────┤
    │                        │                        ├─> SIM ──> • Agradeça
    │                        │                        │           • Observe
    └─> NÃO                  └─> NÃO                  └─> NÃO     • Disponibilize-se
         │                        │                        │      • Empodere
         ▼                        ▼                        ▼      • Gere compromissos
   • Relatar o fato          • Explicar o           • Orientar como
     observado                 impacto                fazer diferente
                             • Exercitar a
                               empatia
```

Costumo dizer que a história de alguém é importante, mas os resultados conquistados por meio de suas atitudes são ainda mais. Observar padrões de comportamento é a melhor maneira de entender se a forma de fazer algo é adequada ou não.

Padronize o sucesso, mas não se limite ao padrão

Um ponto que quero destacar aqui é que aquilo que deu certo, que gerou o resultado esperado, pode se tornar um padrão.
Esse padrão deve ser compartilhado com os demais membros da equipe para que eles aprendam uns com os outros. É muito poderoso perceber que

alguém em condições de igualdade conseguiu atingir um resultado superior. Essa é uma maneira humana de subir a régua.

Alguns líderes e organizações determinam *modus operandi* baseando-se apenas em situações externas, em melhores práticas não testadas (e reconhecidas) no seu contexto.

É inteligente realizar com frequência processos de investigação apreciativa[51], direcionando o olhar para os casos de sucesso.

No entanto, um novo padrão deve ser adotado, mas sempre questionado. O clima deve ser sempre o de "dá para fazer melhor?". Desafiar as pessoas a fazerem ainda melhor não deve ser uma demonstração de insatisfação eterna. Desafiar as pessoas a se questionarem se é possível fazer ainda melhor significa atuar sob a crença de que todos podem ser ainda melhores. É respeitar a capacidade do ser humano de evoluir constantemente.

Para isso, o líder precisa inspirar e transpirar.

LIDERANÇA COMERCIAL: UM BREVE DIAGNÓSTICO

Embora liderar equipes de vendas seja desafiador, provavelmente você percebeu que os princípios de liderança são os mesmos para liderar equipes de vendas ou qualquer outra equipe.

Tudo começa por você, por isso reflita: você é líder sem querer ou é líder de propósito?

Se você está comprometido com o exercício da liderança, observe seus desafios e corrija a rota em você. Uma maneira de fazer isso é olhar a consequência e, por meio dela, identificar as possíveis causas.

Esse diagrama provavelmente o ajudará a identificar os seus desafios.

Segundo esse modelo[52], o sucesso (e aqui me refiro ao sucesso como o alcance de uma meta estabelecida por você mesmo) é a combinação de cinco fatores: objetivos, competências, motivação, recursos e estratégia.

O PAPEL DA GESTÃO COMERCIAL

OBJETIVOS	COMPETÊNCIAS	MOTIVAÇÃO	RECURSOS	ESTRATÉGIA	=	SUCESSO
OBJETIVOS	COMPETÊNCIAS	MOTIVAÇÃO	RECURSOS		=	INCIATIVA
OBJETIVOS	COMPETÊNCIAS	MOTIVAÇÃO		ESTRATÉGIA	=	FRUSTRAÇÃO
OBJETIVOS	COMPETÊNCIAS		RECURSOS	ESTRATÉGIA	=	RESISTÊNCIA
OBJETIVOS		MOTIVAÇÃO	RECURSOS	ESTRATÉGIA	=	CANSAÇO
	COMPETÊNCIAS	MOTIVAÇÃO	RECURSOS	ESTRATÉGIA	=	CONFUSÃO

- Se você se sente confuso, talvez os objetivos não estejam claros para você.
- Se você sente cansaço, talvez esteja lhe faltando algum tipo de competência.
- Se você se sente resistente, talvez esteja lhe faltando motivação.
- Se você se sente frustrado, é importante verificar se os recursos necessários estão ao seu alcance.
- Se você se percebe começando coisas, mas não seguindo adiante, ou seja, se você tem iniciativa, mas lhe falta continuidade, talvez lhe falte estratégia.

Primeiro você cuida de você, depois você cuida do outro. Pode parecer clichê, mas seguir os conselhos dos comissários de bordo pode fazer toda diferença em sua vida: "Em caso de despressurização, máscaras de oxigênio cairão sobre você. Coloque primeiro EM VOCÊ uma máscara, para depois auxiliar um outro passageiro".

A partir daí seu esforço deve estar em definir objetivos comuns, atuar ajudando pessoas a mudarem seu comportamento de forma que elas produzam resultados. Só então você passa a conquistar o espaço necessário para dizer às pessoas quais resultados você precisa que elas alcancem, e acorda com elas sobre como agirem para alcançá-los. Ao final, lembre-se de recompensar todos aqueles que colaboraram de forma individual para o atingimento das metas coletivas.

Se vender é uma competência, você é capaz de contribuir com o desenvolvimento dela. É essa competência que nos ajuda a bater metas, lembrando que meta é coisa da vida.

Bora bater meta?

PARA BATER META

- Se liderar não é tarefa fácil, liderar equipes de vendas é algo ainda mais desafiador.
- Entregar resultados é premissa para manter-se na liderança de um time de vendas. Mas não é só isso que uma empresa espera de alguém que ocupa um cargo de gestão. A liderança precisa ser sustentável.
- O planejamento comercial é o elo entre a estratégia e a execução.
- Nenhuma estratégia que valha a pena pode ser planejada sem levar em conta a habilidade da organização em executá-la.
- O monitoramento é importante porque só podemos atuar sobre aquilo que conhecemos.
- Direção é mais importante que velocidade. E orientação tem a ver com direção, que tem a ver com nossa disposição de receber *feedback*.
- Primeiro você cuida de você, depois você cuida do outro.
- Se vender é uma competência, você é capaz de contribuir com o desenvolvimento dela. É essa competência que nos ajuda a bater metas, lembrando que meta é coisa da vida.

NOVE

CALIBRANDO SEU OLHAR

CALIBRANDO SEU OLHAR

Se você chegou até aqui, vou lhe pedir que volte até o começo. Retorne ao Capítulo 1 e revisite suas crenças.

O que mudou?

Provavelmente algumas coisas já não cabem mais, outras geram certa estranheza, e pode ser que algumas ainda sejam convicções das mais profundas.

A questão é: o que você vai fazer com isso?

Qualquer discurso agora pode parecer blá-blá-blá de autoajuda, mas, quer saber? Para mim, a única ajuda que funciona é a que oferecemos a nós mesmos. Muitos conceitos tratados neste livro talvez fossem conhecidos por você. Minha expectativa é que o olhar tenha sido novo.

A humanização do processo de vendas se torna imprescindível num contexto em que as relações humanas se mostram cada vez mais líquidas e, ao mesmo tempo, necessárias. Em meio a tantos paradoxos com os quais nos deparamos, precisamos questionar nossos paradigmas.

DEZ REGRAS DE OURO

Em linhas gerais, essas são as mensagens que eu gostaria de reforçar com você, mas é preciso se debruçar sobre elas com um olhar ainda mais contemplativo, calibrando o mundo já conhecido com esse mundo novo que muda desde que o mundo é mundo e que não vai parar de mudar.

1. **Assuma sua identidade:** o primeiro ponto para o sucesso em vendas é assumir a identidade de vendedor. Sim, você é vendedor e seu objetivo é vender. Independentemente do nome do seu cargo (consultor, representante, atendente), você é um vendedor. Não confunda ser agressivo com não ser consultivo. Bater meta não significa ignorar todo o resto, muito pelo contrário: você só conseguirá bater sua meta se considerar todo o resto.
2. **Atrás de cada cliente existe uma pessoa**: é importante enxergar que, por trás de cada contato, existe mais que uma oportunidade de vendas,

existe uma pessoa com características próprias, sonhos e aspirações. Existe um problema a ser resolvido ou um sonho a ser realizado. É preciso entender de gente, reconhecendo os diferentes perfis e agindo de acordo com cada um deles. A ideia não é tratar os outros como você gostaria de ser tratado. É tratar os outros como eles gostariam de ser tratados. Para isso, é preciso sensibilidade para fortalecer a confiança que lhe foi concedida a partir do momento em que o cliente decidiu ir até você.

3. **Valor é o que o cliente percebe:** valor é o que o cliente percebe, não o que você, sua empresa, seus amigos, chefes e colegas têm sobre determinado produto ou serviço. É você (ou sua empresa) que atribui preço e desconto, enquanto valor é atribuído pelo cliente. Só é possível descobrir o que um cliente valoriza se você tiver interesse genuíno nele enquanto ser humano e se esforçar para ir além do que ele fala.

4. **Respeite o mundo ao seu redor**: muitos vendedores acreditam que ganham pontos com clientes falando mal da concorrência. Respeitar os pontos fortes das outras empresas mostra que você as conhece tão bem a ponto de poder recomendar o que é melhor. Conhecer as características e vantagens daqueles que competem com você pelo bolso (e pelo coração) do cliente faz toda a diferença se você quiser se tornar um especialista no seu segmento.

5. **Seja um especialista**: clientes não querem que alguém lhes venda algo, querem especialistas capazes de auxiliá-los no processo de compra. Ou seja, querem alguém que reconheça sua necessidade e os ajude a encontrar a melhor solução. Clientes querem conselhos, querem que você resuma os benefícios considerando o seu perfil. Os algoritmos presentes nos sites da internet podem até fazer um bom trabalho selecionando produtos de acordo com o perfil de navegação dos usuários, mas contar com a paciência e a dedicação de alguém que vai além do que o cliente (acha que) quer é um diferencial. Especialistas são capazes de compreender (e oferecer) o que o cliente precisa. Venda sem vender.

6. **Foco é força:** vendedores de alta performance sabem o que precisam vender, quanto, quando, para quem, e escolhem muito bem como. Ter clareza da sua meta e de como a alcançar é fundamental para que você possa se sentir mais motivado, concentrado e determinado a chegar lá. Mergulhe fundo nos seus indicadores de vendas e trace sua própria estratégia para que todos eles operem no "verde". A combinação desses indicadores é vital para a alta performance. Identifique ao seu redor pessoas que são experts em bater metas e aprenda com elas. Se alguém

CALIBRANDO SEU OLHAR

é capaz, você também é. Mas lembre-se: vender a qualquer custo ou com foco somente nos seus desafios não é um processo sustentável. Foco no foco do cliente, sempre.

7. **Atenção aos detalhes antes, durante e depois:** o processo de vendas é composto pela preparação, a venda em si e o que acontece depois. Você precisa se planejar e planejar o seu dia para vender. Precisa se dedicar ao olho no olho com o cliente. Estamos falando de venda presencial: cada interação precisa ser especial. Sua preocupação deve ir além da satisfação do cliente: deve estar no sucesso do cliente. Vender muito não significa vender bem, mas vender bem significa vender sempre. É quase como uma corrente do bem. O cliente fica satisfeito, volta ou indica. Você fica satisfeito e cada vez mais motivado. É um círculo virtuoso que tende a virar uma espiral crescente de prosperidade.

8. **Colabore**: por mais que no dia a dia da venda você esteja quase sempre sozinho, existe um time que sustenta todo o seu processo: logística, marketing, administração de vendas, P&D, implantação, e, para quem trabalha no varejo, o caixa, o estoquista, o promotor, o subgerente etc. Para que uma venda ocorra e tenha sucesso, toda essa cadeia precisa funcionar, e você faz parte dessa engrenagem. Olhar para os lados, para cima e para baixo dá ao vendedor a visão sistêmica do processo e o empodera diante de problemas que poderiam ser classificados como "isso não é comigo". Todo problema é nosso.

9. **Vender tem que ser divertido:** como em qualquer profissão, tudo se torna mais fácil quando traz prazer. Se você gosta de gente, gosta de fazer pessoas felizes, de encontrar soluções para os problemas alheios, de colaborar com a realização de sonhos e, além disso, de ganhar dinheiro batendo suas metas e de sentir-se desafiado quando elas aumentam, você está no lugar certo. Como cita Confúcio: "Escolha um trabalho que você ame e não terá de trabalhar um único dia de sua vida".

10. **Vender vicia:** às vezes uma venda demora para se concretizar, o que você vende tem poucos diferenciais, a concorrência está superando as expectativas, mas até na pior das hipóteses sempre existe um "chinelo velho" para um "pé cansado". O desafio do vendedor é criar conexão: entre oferta e demanda, entre solução e problema, entre produto e cliente, entre razão e emoção. Mas, para isso, é importante que você esteja engajado de corpo e alma em realizar seus objetivos. Quanto mais a gente vende, mais a gente aprende, mais gostoso fica e mais a gente quer mais.

#BORABATERMETA

CONSCIÊNCIA, COERÊNCIA, CONSISTÊNCIA E CORAGEM

Em qualquer aspecto da vida, esses quatro cês da vida[53] estarão presentes.

Em primeiro lugar, sugiro que você reconheça o quanto você tem sorte: aquela sorte que vem de graça. Sim, existe uma sorte que você recebeu sem ter feito nenhum esforço que é a sorte de ter nascido, de estar vivo e ser capaz de ler um livro, por exemplo. Sorte é questão de perspectiva. Olhe ao seu redor e rapidamente você vai perceber o quanto tem sorte. Diante dessa sorte, o que você tem a fazer é agradecer, aproveitar e retribuir.

Mas sorte também é uma questão de atitude. Essa é a sorte que se multiplica quando você age diante da sorte que recebeu de graça e, principalmente, na falta dela. É o que você faz, o impacto que você causa que lhe possibilitará usufruir desse outro tipo de sorte que á a sorte que fazemos por merecer.

Consciência

Amplie sua consciência sobre quem você é e sobre quem você quer ser. Entenda seus desafios, reconheça suas fraquezas, mas também preste atenção em todos os seus pontos fortes e naquilo que o torna único e especial.

Seja honesto consigo mesmo e admita para si o que você realmente deseja. Esse é o ponto de partida. Você só conseguirá se tornar quem você quer ser e ter o que almeja a partir do momento em que passa a compreender quem você foi até aqui.

> EU SÓ CONSEGUI ME TORNAR QUEM EU QUERIA SER QUANDO PASSEI A COMPREENDER QUEM EU ERA.

Clareza de propósito, de missão e de visão deverão servir como ponto de partida. Conectar contexto (o que queremos ter) e causa (o que queremos ser ou como queremos impactar o mundo) é o que nos permite caminhar felizes.

Coerência

Avalie o que te impede de viver tudo aquilo que você pode e merece. Observe que foram seus padrões de comportamento que o trouxeram até aqui, e decida quais deles você irá repetir e quais deles você deverá abandonar.

Agir com coerência é conectar pensamento e sentimento, fala e ação.

Seu posicionamento reflete como você deseja ser visto pelo mundo. Sua reputação é como você é visto pelo mundo. Agir com coerência é aproximar esses dois mundos. A escolha é sua.

Nesse processo, você será obrigado a escolher, inclusive, o que fica de fora. É o que chamo de desequilíbrio intencional. Você não precisa abrir mão de nada para sempre, mas precisa abrir mão de algo temporariamente. É preciso reconhecer que o equilíbrio gera inércia. A inércia ou o mantém parado ou agindo de forma linear, e a vida requer movimento de altos e baixos. Só está parado quem está morto. Um eletrocardiograma só se apresentará de forma linear quando seu coração parar de bater.

Aja de forma intencional e com congruência. Lembre-se de que:

> O CORAÇÃO TEM RAZÕES QUE A PRÓPRIA RAZÃO RECONHECE.

Cerque-se de pessoas melhores que você. Pratique novos comportamentos, novos hábitos. Desenvolva novas capacidades. O que você fizer, faça deliberadamente, reconhecendo que o que conta não é somente o que você faz, mas o impacto que você causa no seu mundo e no mundo que você habita. Como dizem por aí, você colhe o que planta, mas também escolhe o que planta.

Consistência

Começar, por vezes, é fácil. Continuar, nem sempre.

Ser consistente é resistir à tentação. É desafiar o próprio corpo (física e mentalmente), que, por natureza, vai sempre tentar economizar energia.

Suas crenças o ajudarão ou o atrapalharão nesse processo. Como diria Muhammad Ali: "É a repetição de afirmações que leva à crença. E uma vez que a crença se torna uma convicção profunda, as coisas começam a acontecer". Ou não. O mesmo poder que uma crença tem de te levar a agir, ela pode ter de te paralisar.

Quais crenças você está cultivando que o movem?

Faça as pazes com o seu passado. Viva intensamente o seu presente. Cuide do que realmente importa e lembre-se: somos movidos pelo prazer ou pela dor.

#BORABATERMETA

SEU POSICIONAMENTO REFLETE COMO VOCÊ DESEJA SER VISTO PELO MUNDO. SUA REPUTAÇÃO É COMO VOCÊ É VISTO PELO MUNDO.

CAROL MANCIOLA

NÃO TRANSFORME CRENÇAS LIMITANTES EM VALORES ENGRANDECEDORES.

Apegue-se ao que lhe faz bem. O que não faz, jogue fora. A vida precisa de espaço para acontecer.

Coragem
Ser você mesmo e viver toda sua essência custa caro. Mas não se engane, não ser custa mais caro ainda. Talvez você não perceba isso, pois quando abre de mão de ser quem você quer e merece ser, paga essa conta em prestações, por vezes, por toda vida.

É preciso coragem para começar, para continuar e para recomeçar quantas vezes forem necessárias. Coragem não é a ausência de medo, é agir apesar dele.

Onde não puder ser você, não se demore. Algumas pessoas, de tanto se acostumarem com aquilo que "recebem" da vida, se deformam e deixam de viver aquilo que desejam. **Coragem é abrir mão das certezas para abrir caminho para as possibilidades**.

Como diria meu querido mestre Saja: "O que você está fazendo com sua única vida?".

VOCÊ NO COMANDO

É assim que funciona: algo o incomoda, você avalia novas possibilidades, decide, comunica sua decisão aos impactados diretamente, implementa as mudanças necessárias, vivencia o resultado do processo e assume a responsabilidade por ele.

```
         INCÔMODO
            ●
RESPONSABILIDADE ●      ● POSSIBILIDADES


RESULTADO ●                ● DECISÃO


   IMPLEMENTAÇÃO ●    ● COMUNICAÇÃO
```

Sempre acreditei que esse era o ciclo da mudança, da evolução, da prosperidade. Estava enganada. Definitivamente, **mudar de opinião não significa enfraquecer, mas, muitas vezes, amadurecer**.

Amadureci e percebi que tudo começa a partir do momento em que reconhecemos nosso poder, a partir do momento em assumimos a responsabilidade pelo que acontece em nossas vidas. Se acredito que tenho o poder de mudar minha história, farei algo com aquilo que me incomoda. Se não, serei uma eterna insatisfeita, uma eterna reclamona, uma eterna vítima.

Sem incômodo, não há mudança, é certo. Mas é possível conviver com ele. Sem assumir responsabilidade, não há motivação para a mudança. Por isso, assumir o controle é fundamental.

Esteja certo de que você está onde está porque decidiu estar. Sim, você tem opções. Sempre. Reconheça o seu poder. Seu poder de permanecer ou de mudar. Seu poder de mudar a si mesmo e, a partir daí, mudar o mundo à sua volta.

Assim, meu desejo é que você tenha cada vez mais:
- Consciência para enxergar;
- Coerência para começar;
- Consistência para continuar; e
- Coragem para mudar.

#BORABATERMETA

CONSCIÊNCIA& ✓ enxergar
COERÊNCIA& ✓ começar
CONSISTÊNCIA& ✓ continuar
CORAGEM ✓ mudar

CAROL MANCIOLA

DEZ

**O FUTURO DAS VENDAS
E O VENDEDOR DO FUTURO**

O FUTURO DAS VENDAS E O VENDEDOR DO FUTURO

O vendedor como conhecemos morreu? Não, o vendedor em sua essência é que está ressuscitando.

O futuro das vendas é incerto, assim como tudo que vivemos. O que podemos (e devemos) fazer é estender nosso olhar atual para o papel do vendedor. Muito mais que um recurso, ele protagoniza esse processo.

Com muitos clientes migrando para plataformas digitais, com a inteligência artificial dominando os *chatbots* e com a realidade virtual tangenciando e ampliando a experiência de compra, é preciso utilizar a tecnologia como uma aliada ao processo.

Ou seja, o que precisamos não é nos tornar iguais, o que precisamos é nos diferenciar.

DIFERENCIAÇÃO NUM MUNDO CADA VEZ MAIS DIGITAL É SER CADA VEZ MAIS HUMANO.

A tecnologia iguala, a humanização diferencia.

O vendedor do futuro se faz presente a partir do momento em que age antecipando necessidades e conectando problemas e sonhos a soluções (e não simplesmente a produtos ou serviços).

Definitivamente, no que se refere à venda presencial, ou seja, aquela em que o cliente faz questão da presença de um profissional de vendas:

A MANEIRA DE VENDER É MAIS IMPORTANTE DO QUE AQUILO QUE SE VENDE.

Meu convite tem muito mais a ver com o agora. Tem a ver com se fazer presente. Com ampliar conexões, com natureza, com relações.

#BORABATERMETA

Num mundo inundado por *startups* e unicórnios, precisaremos lançar mão de MVPs e reconhecer que o desafio é ter conectividade suficiente para que, sempre que necessário, promovermos uma atualização e nos tornarmos continuamente nossa melhor e mais atualizada versão.

Lembre-se:

META É COISA DA VIDA E VENDER É UMA COMPETÊNCIA.

Na era digital, é preciso agregar valor ao cliente por meio de um processo de vendas humanizado.

E se todos somos clientes,

#BORA BATER META!

REFERÊNCIAS

1. PINK, Daniel H. *Saber vender é da natureza humana*: surpreenda-se com o seu poder de convencer os outros. Trad. Ana Alvarez. São Paulo: Leya, 2013.
2. GREY, Christopher. O fetiche da mudança. *RAE-Revista de Administração de Empresas*, v. 44, n. 1, p. 10-25, 2004.
3. BENVENUTTI, Mauricio. *Audaz*: as 5 competências para construir carreiras e negócios inabaláveis nos dias de hoje. São Paulo: Gente, 2018.
4. SANTOS, Lulu. Como uma onda. Por SANTOS, Lulu; MOTTA, Nélson. *O ritmo do momento*. São Paulo: WEA, 1983. 03:37 min.
5. Siri é um assistente pessoal virtual que utiliza processamento de linguagem natural capaz de reconhecer comandos de voz e executar tarefas no Iphone.
6. CONSUMIDOR 4.0: sua empresa já está preparada para atendê-lo? *Rock Content* (blog), Belo Horizonte, 11 out. 2018. Disponível em: <https://rockcontent.com/blog/consumidor-4-0/>. Acesso em: 22 jul. 2019.
7. KOTLER, Philip; KARTAJAYA, Hermawan; SETIAWAN, Iwan. *Marketing 4.0*: do tradicional ao digital. Trad. Ivo Korytowski. Rio de Janeiro: Sextante, 2017.
8. LEAL, Ana Luiza. Toda empresa quer ter uma boa história. Algumas são mentira. *Revista Exame*, São Paulo, 23 out. 2014. Disponível em: <https://exame.abril.com.br/revista-exame/marketing-ou-mentira/>. Acesso em: 22 jul. 2019.
9. Disponível em: <https://iabbrasil.com.br>. Acesso em: 22 jul. 2019.
10. REICHHELD, Fred; MARKEY, Rob. *A pergunta definitiva 2.0*: como as empresas que implementam o *net promoter score* prosperam em um mundo voltado aos clientes. São Paulo: Elsevier, 2011.
11. MOGILNER, Cassie; AAKER, Jennifer. "The Time vs. Money Effect": Shifting Product Attitudes and Decisions through Personal Connection. *Journal of Consumer Research*, v. 36, n. 2, ago. 2009.
12. CARLZON, Jan. *A hora da verdade*: a história real do executivo que delegou poder às pessoas na linha de frente e criou um novo conceito de empersa focada nos clientes. Trad. Maria Luiza Newlands da Silveira. Rio de Janeiro: Sextante, 2005.
13. DIAMANDIS, Peter. The Future Is Brighter Than You Think. *CNN*, 6 maio 2012. Disponível em: <https://edition.cnn.com/2012/05/06/opinion/diamandis-abundance-innovation/index.html>. Acesso em: 22 jul. 2019.
14. SPENCER, Lyle M.; MCCLELLAND, David Clarence; SPENCER, Signe M. *Competency Assessment Methods*: History and State of the Art. Ann Arbor: Hay McBer Research Press, 1994.

15. FLEURY, Afonso; FLEURY, Maria Tereza Leme. *Estratégias empresariais e formação de competências*: um quebra-cabeça. Caleidoscópio da indústria brasileira. São Paulo: Atlas, 2004.
16. LE BOTERF, Guy. *De la compétence*: essai sur un attracteur étrange. Paris: Les Éditions d'Organisation, 1994.
17. Disponível em: <http://www3.weforum.org/docs/WEF_Future_of_Jobs_2018.pdf>. Acesso em: 22 jul. 2019.
18. Disponível em: <https://www2.deloitte.com/content/dam/Deloitte/il/Documents/human-capital/HR_and_Business_Perspectives_on_The%20Future_of_Work.pdf>. Acesso em: 22 jul. 2019.
19. COHEN, Allan R.; BRADFORD, David L. *Influência sem autoridade*: como liderar pessoas que não se reportam a você. Como construir relacionamentos efetivos e criar aliados. Como influenciar chefes, clientes e outros parceiros. São Paulo: Évora, 2012.
20. DIXON, Matthew; ADAMSON, Brent. *A venda desafiadora*: assumindo o controle da conversa com o cliente. São Paulo: Portfolio-Penguin, 2013. Arquivo Kindle.
21. ZANUTIM, Claudio. *Tenho orgulho de ser vendedor*: muito mais "comos" do que "o ques". São Paulo: DVS, 2018.
22. BRAGA, Roberto Carlos. Detalhes. Por BRAGA, Roberto Carlos; ESTEVES, Erasmo Carlos. *Roberto Carlos*. CBS, 1971. 05:03 min.
23. FAGERLIN, Richard. *Trustology*: the Art and Science of Leading High-Trust Teams. Fort Collins: Wise Guys Publishing, 2013.
24. TEIXEIRA, Jerônimo. Natureza humana. *Superinteressante*. São Paulo, 28 fev. 2003. Disponível em: <https://super.abril.com.br/ciencia/natureza-humana/>. Acesso em: 22 jul. 2019.
25. TEATRO MÁGICO. Realejo. Por SOUZA, Danilo; ANITELLI, Fernando. *O Teatro Mágico: entrada para raros*. [Independente], 2003. 5:24 min.
26. 47% DAS PESSOAS pesquisam na web antes de comprar fisicamente. *Propmark*, São Paulo, 24 ago. 2018. Disponível em: <http://propmark.com.br/mercado/47-das-pessoas-pesquisam-na-web-antes-de-comprar-fisicamente>. Acesso em: 22 jul. 2019.
27. TARDELLI, Eduardo Carboni. Desenhando a nova jornada do cliente B2B. *Transformação digital* (on-line). Disponível em: <https://transformacaodigital.com/desenhando-a-nova-jornada-do-cliente-b2b/>. Acesso em: 22 jul. 2019.
28. GOLEMAN, Daniel. *Foco*: a atenção e seu papel fundamental para o sucesso. Trad. Cássia Zanon. Rio de Janeiro: Objetiva, 2014.

REFERÊNCIAS

29. RACKHAM, Neil. *Spin Selling*: the Best-Validated Sales Method Available Today Developed from Research Studies of 35,000 Sales Calls. Used by the Top Sales Forces across the World. Nova York: McGraw-Hill, 1988.
30. OSTERWALDER, Alexander; PIGNEUR, Yves. *Business Model Generation*: inovação em modelos de negócios. Rio de Janeiro: Alta Books, 2011.
31. TREVISOL, Daisson José; FERREIRA, Maria Beatriz Cardoso; KARNOPP, Zuleica Maria Patrício. A propaganda de medicamentos em escola de medicina do Sul do Brasil. *Ciência & Saúde Coletiva*, Rio de Janeiro, v. 15, supl. 3, nov. 2010. Disponível em: <http://www.scielo.br/scielo.php?script=sci_arttext&pid=S1413-81232010000900023>. Acesso em: 22 jul. 2019.
32. FISHER, Roger; URY, William; PATTON, Bruce. *Como chegar ao sim*: como negociar acordos sem fazer concessões. Trad. Rachel Agavino. Rio de Janeiro: Sextante, 2018.
33. SHELL, G. Richard. *Negociar é preciso*: estratégias de negociação para pessoas de bom senso. São Paulo: Campus, 2000.
34. STONE, Douglas; PATTON, Bruce; HEEN, Sheila. *Conversas difíceis*. Introdução Roger Fisher. São Paulo: Elsevier, 2004.
35. ROSENBERG, Marshall B. *Comunicação não-violenta*: técnicas para aprimorar relacionamentos pessoais e profissionais. São Paulo: Ágora, 2006.
36. REZENDE, Bernardinho. *Transformando suor em ouro*. Rio de Janeiro: Sextante, 2006.
37. ALVES, Rubem. Tênis x frescobol. In: *Retratos de amor*. Campinas: Papirus, 2012.
38. CIALDINI, Robert B. *As armas da persuasão*: como influenciar e não se deixar influenciar. Rio de Janeiro: Sextante, 2012.
39. O'CONNOR, Joseph; SEYMOUR, John. *Introdução à programação neurolinguística*: como entender e influenciar as pessoas. 7. ed. São Paulo: Summus, 1995.
40. KOTLER, Philip. *Administração de marketing*: a edição do novo milênio. Porto Alegre: Pearson, 2007.
41. BAUMAN, Zygmunt. *Tempos líquidos*. Rio de Janeiro: Zahar, 2007.
42. MANÇUR, Pedro. Fatias de mercado: share of mind x share of heart x share of voice. *Criarte Publicidade, Blog Consultoria Marketing*, Rio de Janeiro, 31 out. 2018. Disponível em: <https://www.criartepublicidade.com/fatias-de-mercado-share-of-mind-x-share-of-heart-x-share-of-voice/>. Acesso em: 22 jul. 2017.
43. SINEK, Simon. *Comece pelo porquê*: como grandes líderes inspiram pessoas e equipes a agir. Rio de Janeiro: Sextante, 2018.
44. WEIL, Pierre. *O corpo fala*: a linguagem silenciosa da comunicação não verbal. 74. ed. Petrópolis: Vozes, 2014.

45. MANDELLI, Pedro. *Muito além da hierarquia*: revolucione sua performance como gestor de pessoas. Petrópolis: Vozes Nobilis, 2018.
46. Disponível em: <https://cdn2.hubspot.net/hubfs/275587/offers/research-consideration-salesmanagement-2017.pdf>. Acesso em: 22 jul. 2019.
47. Esse ciclo foi criado por Walter A. Shewhart, na década de 1920, mas ele se tornou conhecido quando William Edwards Deming, um dos gurus da gestão de qualidade, espalhou o conceito pelo mundo. Por esse motivo, o ciclo PDCA ficou conhecido, a partir da década de 1950, como "ciclo Deming".
48. KEPNER, Charles H.; TREGOE, Benjamin B. *O administrador racional*. São Paulo: Atlas, 1972.
49. BOSSIDY, Larry; CHARAN, Ran. *Execução*: a disciplina para atingir resultados. Rio de Janeiro: Alta Books, 2019.
50. CHARAN, Ran; DROTTER, Stephen; NOEL, James. *Pipeline de liderança*: o desenvolvimento de líderes como diferencial competitivo. Rio de Janeiro: Sextante, 2018.
51. COOPERRIDER, David L.; WHITNEY, Diana. *Investigação apreciativa*: uma abordagem positiva para a gestão de mudanças. Rio de Janeiro: Qualitymark, 2006.
52. Knoster Model for Managing Complex Change.
53. MANCIOLA, Carolina. *Os cês da vida*. Rio de Janeiro: Qualitymark, 2017.

INSPIRAÇÕES

- ANDREW, Sobrel; PANAS, Jerold. Perguntas Poderosas: Construa relacionamentos, venças em novos negócios e influencie outros. Rio de Janeiro: Qualitymark Editora, 2012.
- BROOKS, Ian. Seu Cliente Pode Pagar Mais. 2ª edição. São Paulo, SP: Fundamento Educacional Ltds, 2014.
- CANDELORO, Raul. Venda Mais. 25 armas para você aumentar de maneira eficiente as vendas de sua empresa. Editora Casa da Qualidade
- CHARAN, Ram. O Que o Cliente Quer Que Você Saiba. Rio de Janeiro: Elsevier, 2008.
- DALE, Carnegie & Associates, Inc.; CROM, J Oliver; CROM, Michael. Alta performance em vendas. Rio de Janeiro: BestSeller, 2005.

- DWECK, Carol S. Mindset: A Nova Psicologia do Sucesso. São Paulo, Objetiva: 2017.
- FALCONI, Vicente. Gerenciamento da Rotina de Trabalho do dia-a-dia. Nova Lima: INDG Tecnologia e Serviços Ltda., 2004.
- FRANCISCHINI, Diogo. Talento em Vendas: Como liderar e gerenciar campeões. Salvador: Casa da Qualidade, 2009.
- GIRARD, Joe. Como vender qualquer coisa a qualquer um. Editora Best Seller.
- GITOMER, Jeffery. A Bíblia de Vendas. São Paulo: M.Books, 2011.
- JORDAN, Jason; VAZZANA, Michelle. Cracking the Sales Management Code: The Secrets to Measuring and Managing Sales Performance. McGraw-Hill Education, 2012.
- LINDSTROM, Martin. A Lógica do Consumo: Verdades e Mentiras sobre por que compramos. Rio de Janeiro: Nova Fronteira, 2009.
- MAGALDI, Sandro; NETO, José Salibi. Gestão do Amanhã. São Paulo, SP: Gente, 2018.
- ORTEGA, Marcelo. Inteligência em Vendas. O Manueal para os melhores líderes em vendas. Editora Saraiva.
- ROSS, A Aron; LEMKIN, Jason. Hiper Crescimento: Venda 10 vezes mais com o modelo salerforce. São Paulo: HSM, 2016.
- ROSS, A Aron; TYLER, Marylou. Receita Previsível. São Paulo: Autêntica Business, 2017.
- SAIANI, Edmour. Ponto de Referência: Como ser o N° 1 e não o +1. São Paulo: Pearson, 2005.
- SCHULTZ, Howard; YANG, Dori Jones. Dedique-se de Coração: Como a Starbucks se tornou uma grande empresa de xícara em xícara. São Paulo: Negócio Editora, 1999.
- ZANUTIM, Cláudio. Tenho Orgulho de Ser Vendedor: Muito mais "comos" do que "o ques". São Paulo: DVS, 2018.
- ZIGLAR, Zig; HARRINGTON, Kevin. Secrets of Closing the Sale, Revised and Updated Edition. Revell, 2019.

VENDER É UMA COMPETÊNCIA

DVS EDITORA

www.dvseditora.com.br